小教室
有大智慧

主　编　丁　霞
副主编　徐凝婷

上海交通大学出版社
SHANGHAI JIAO TONG UNIVERSITY PRESS

内容提要

　　本书围绕"特殊教育高质量发展,基层特教学校大力推进国家课程校本化实施"这一主题展开。作为区域内唯一一所面向中重度智力障碍学生的特殊教育学校,上海市虹口区密云学校在"新课标"指引下,持续探索国家课程校本化实施的最佳路径。本书以密云学校近十年课改实施经验为底,形成了以"通用学习设计"为理论基础,以"教室"为联结点,实现"课标"向"学生"的课程实施新模式。在融合教育背景下,本书适用于特殊教育中不同残障类型与安置类型,以及学前、义务教育各年段的学校与教师参考阅读。

图书在版编目(CIP)数据

　　小教室有大智慧/丁霞主编.—上海:上海交通大学出版社,2025.6.—ISBN 978-7-313-32535-8

　　Ⅰ.G764

　　中国国家版本馆 CIP 数据核字第 2025N1X074 号

小教室有大智慧
XIAO JIAOSHI YOU DA ZHIHUI

主　　编:丁　霞

出版发行:上海交通大学出版社　　　　　地　　址:上海市番禺路 951 号

邮政编码:200030　　　　　　　　　　　电　　话:021-64071208

印　　制:上海万卷印刷股份有限公司　　经　　销:全国新华书店

开　　本:710mm×1000mm　1/16　　　　印　　张:10.5

字　　数:170 千字

版　　次:2025 年 6 月第 1 版　　　　　　印　　次:2025 年 6 月第 1 次印刷

书　　号:ISBN 978-7-313-32535-8

定　　价:68.00 元

为促进特殊教育高质量发展，基层特教学校大力推进国家课程校本化实施。作为区域内唯一一所面向中重度智力障碍学生的特殊教育学校，上海市虹口区密云学校持续探索由"课标"向"校本"的最佳路径：基于"通用学习设计"理念，以"教室"为联结点，联通"课标"与"学生"，打破教学"时空"壁垒，让教育无限蔓延，让教学从课堂延伸，让课程标准真正落地——让"小教室"有"大智慧"。

前　言

随着《培智学校义务教育课程标准(2016)》(简称"新课标")的出台,面向教育部《第二期特殊教育提升计划(2017—2020)》《"十四五"特殊教育发展提升行动计划》所提出的特殊教育高质量发展的核心目标,在改革育人方式、发展数字教育、聚焦核心素养等具体要求下,"国家课程校本化实施"成为现阶段基层培智学校的重点与难点。在此过程中,涌现出大量聚焦"新课标""新教材"的优质成果。

特殊教育尤为强调个别化,尤其在融合教育全面推行、愈趋成熟的同时,培智学校学生呈现出个体差异显著的趋势。现有的研究成果偏教材运用与课堂教学。课堂与学生密不可分,在校情、生情、师情等影响下,基于"课堂"或"教材"的研究成果在运用时需要结合各自学生进行再加工。因此,基层学校更需要以"课标"为导向、以"学生"为基准的教育康复实施路径。

上海市虹口区密云学校创建于1998年,是虹口区唯一一所九年制义务制特殊教育学校,专门招收中重度智力残疾(IQ≤50)学生。学校秉持"让每个孩子充满自信地融入社会"的办学理念,持续推动内涵建设,推进课程教学改革,紧紧围绕"新课标",深耕课堂,打造品牌,致力于实现国家课程校本化的"最佳匹配度"。学校连续获得上海市学校科研成果二等奖、上海市基础教育成果二等奖。

2016年以来,学校围绕"一生一案",聚焦"课标""课堂""学生""教师""教室"等多种教育影响因素,展开行动研究。在此过程中逐渐发现,教室是学生在校一日生活获得学习、发生成长的最主要场所,对标先进特殊教育,培智学校教室环境的教育功能未被完全挖掘。同时,基层培智学校的教室在空间结构和面积大小上基本一致,具有高度相似性。因此,由"教室环境"出发的实践路径易于借鉴且可推广度高。

综上,本书以"3+X"创新教室为联结点,将"课标"与"学生"通过"教室环境""班级生活"与"课堂教学"紧密联结,形成"课标"—"学生"—"教室"—"课堂教学""学校生活"—"学生"的闭环路径。本书的主要研究内容及成果包括以下四方面。

1. 构建"新课标"培智学校学生发展核心素养及培养目标

深挖"新课标",梳理形成"培智学校一般性课程学科核心素养""培智学校学生发展核心素养"。并以此为依据,基于"校情",进行"培智学校学生发展核心素养与培养目标的校本化表达",形成"三维度三梯度"学生核心素养与发展目标。同时,全面评估"学生",找准学校学生发展起点与成长特点。

2. 构建"新课标"培智学校"3+X"创新教室

以学校"三维度三梯度"学生核心素养与发展目标为基准,以学生发展现状为起点,构建培智学校"3+X"创新教室,明确"3+X"创新教室的创设目标、要素与构成,形成"生本、班本、校本"的创设路径和区域样本。同时,明确区域划分与布局方法,充分挖掘教室环境的教育功能,营造有利于学生成长与发展的"浸润式环境"。

3. "3+X"创新教室运用至学校生活的实践研究

将"3+X"创新教室运用至学校一日生活,验证并分析其在促进学生适应学校生活、提升教师班级管理方面的作用,形成培智学校"3+X"教室的"生活区""学习区""休闲区"以及"X"区域之区域样例和优质案例。

4. "3+X"创新教室运用至课堂教学的实践研究

将"3+X"创新教室运用至课堂教学,验证并探索其对提升学生学习成效、核心素养的作用,形成跨学科联合教研模式、研发"互动式板书""综合主题活动"等教学资源,进而形成优质的课堂教学设计。

围绕"新课标",本书研究将"关注个体,综合实践,旨向适应"等关键点纵向贯穿于培智教育育人目标、课程实施、环境打造、课堂教学等步骤路径,同时横向覆盖教育康复、不同学科、学生心智与肢体成长的各个方面,让学校教学与环境融合,为每位学生提供精准教育,促每个个体的最优成长,实现"新课标"的最优化落地。具体如下图所示。

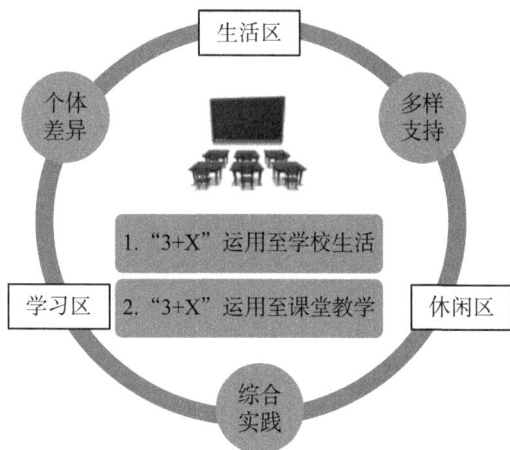

"3+X"创新教室的运用

丁　霞

上海市虹口区密云学校　书记、校长

2024 年 9 月

目　录

第一章

研究缘起："新课标"与"小教室"

一、问题提出

（一）"新"趋势："新课标"导向下的特教育人模式

上海市坚决贯彻党中央、国务院决策部署和习近平总书记关于特殊教育的重要指示精神，全面落实两期特殊教育提升计划、"十四五"特殊教育发展提升行动计划，努力建设最优特殊教育，推动特殊教育达到全球城市先进水平。

《培智学校义务教育课程标准(2016)》的出台与实施，驱动基层培智学校加大力度开展课程改革与教学实施创新。"新课标"要求特殊教育教师从"文本标准"转变为教育理念的提升、教学思维的优化、教学方式的转变，最终实现课堂教学的革新。

2021年，教育部发布《"十四五"特殊教育发展提升行动计划》，部署各地加快推进特殊教育高质量发展：以适宜融合为目标，加快健全特殊教育体系，不断完善特殊教育保障机制，全面提高特殊教育质量，促进残疾儿童青少年自尊、自信、自强、自立，实现最大限度的发展，努力使残疾儿童青少年成长为国家有用之才。

盲、聋、培智，乃至各种类型的特殊儿童存在巨大的个体差异，特殊学校安置学生愈趋呈现出个体差异显著、学习能力落后、适应能力弱、情绪问题严重等现状。为了让每一名残疾儿童青少年都有人生出彩的机会，我们将"精准施策"，国家课标校本化实施，基于评价落实"一人一案"的个别化方案作为本书研究的重点与难点。与此同时,与传统"课纲"相比,"新课标"愈来愈重视学科知识的实践与运用,强调促进学生最终适应生活、适应社会。

国家课程方案只有转化成学校的规划以及教师的行为,才能真正作用于学生。因此,面向特殊学校安置学生,这一任务指向培智学校义务教育"新课标"的落实,如何使"新课标"精准落地,将"课标目标"转化为"校本课程目标",让"新文本"成为适合"校情、生情、师情"的优质课堂成为现阶段关注重点。由"新课标"出发,探索新时代特殊教育育人新模式是现阶段培智学校研究的重点与难点之一。

(二)"新"需求:缺少适合基层学校的系统性、模块性研究成果

"新课标"下发至今,一线不乏聚焦"国家课程校本化实施"的研究。在中国知网上,2016—2024 年,以"特殊教育""课程课标"为关键词搜索到相关文献共50 篇;以"培智学校""课程标准"为关键词搜索到相关文献共 77 篇;以"培智学校""课程改革"为关键词的文献有 10 篇。进一步分析发现,聚焦"新课标"的理论性解读占比 52%,这些研究包含"新课标"与"旧课纲"的对比、集中分析"新课标"中的各学科,例如"生活语文""生活数学""生活适应""劳动技能""信息技术"等,以及整理"新课标"指引下的新教学策略等。课例性研究占比 21%,此类研究基本聚焦单一学科、学科内单一领域,或某一单元甚至是某一节课。另外,还有 22% 的研究集中调查"新课标"下发以来基层培智学校的落实情况,包括课标调整、教师培训、课堂改进、资源完善等方面。最后,有 5% 的研究以学校为单位探究落实"新课标"的实施途径,例如《培智学校义务教育课程标准落实路径探索:以广东省佛山市顺德区启智学校为例》。由此可见,现有研究对一线基层学校而言,学校与教师理解"新课标"的学习材料较多、教师借鉴的单一课堂实践经验充分。然而,学校层面由上至下系统地进行课程设计、教学改革、课堂实践的有效路径与行动范式仍然较少。

(三)"新"关键:理顺国家课程校本化的核心因素

培智学校"新课标"明确了包括生活语文、生活数学、生活适应等 10 门学科的课程目标与教学内容。在"新课标"的引领下,基层学校有各自不同的办学理念与发展特色,学校教师、学生,软件实力与硬件设施都各不相同。对此,如何将纲领性目标落实到学校,转化为校内每个特殊儿童的成长路径与发展目标,是关键所在。由学校出发,影响国家课程校本化的核心因素及流程包括:课标—学校发展目标(办学目标、学生发展目标)—课程顶层设计—教学实施—学生发展(见图1-1)。

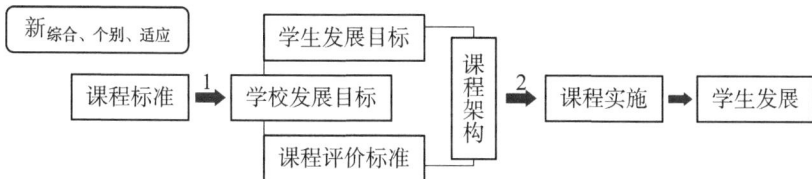

图1-1 "新课标"校本化实施路径

因此,依据国家课程校本化实施路径,基层学校必须有效地将"新课标"之"综合性、个别化、社会性"的核心要求通过2个"转化"点完成落实:

转化1"国家—校本":"新课标"转化为基于校本的学生核心素养、课程目标、评价标准。

转化2"课程—课堂":"学校课程"转化为基于生本的课堂教学及其他各类教育活动。

(四)"新"教室:充分挖掘教室环境的育人功能

密云学校作为上海市虹口区内唯一一所面向中重度智力障碍(IQ≤50)学生的九年制义务制学校,办学至今,始终秉持"让每个学生充满自信地融入社会"的办学理念,不断推进课程教学改革,深耕课堂,连续获得上海市学校科研成果二等奖、上海市基础教育成果二等奖。

2014年至今,学校先后开展市级课题"运用AAC提升辅读学校孤独症沟通能力的实践研究"、区级课题"基于评估培智学校部编教材校本化实施的实践研究",积极探索有效的医教结合教育康复途径。这些前期研究基础为学校积累了丰富的现代化教育支持手段与实施经验。

2019年9月,学校校长远赴芬兰进行考察访学。芬兰教育被誉为"全世界最好的教育"。芬兰的每所学校都秉承"以学生发展为中心"的办学理念,通过灵动的"学校、教室环境"、多样的"教学模式",注重学生的生活支持、学习支持,在不同领域、不同方面为学生的发展与成长提供帮助和支持,促进其主动与自主学习。芬兰教育认为"特殊不是困难,而是教育者的责任",每位儿童都有其成长所需的不同知识与教育方式。

这次访学归来,学校深受启发。培智学校学生感知觉异常,适应能力与学习能力显著落后,"教室"作为学生在校最主要的学习生活场所,承载着"课堂学习"与"课程落实",显然"教室环境"的教育功能尚未被完全挖掘。芬兰的"校园""教室"与"课堂"非常值得借鉴与学习。由此,学校以前期研究为基础,期望以"教室"为着力点,致力于在"教室"内打造"学习区""生活区""休闲区",对照"课标",聚焦"教材",研发在教室内开展的"综合学习活动"、创新环境布置,提升学生的学校适应能力与学习成效。"新课标背景下构建培智学校'3+X'创新教室的实践研究"应运而生。

二、核心概念

(一)"新课标"

2022年,教育部下发《义务教育课程方案和课程标准(2022年版)》。而本书所指的"新课标"是指《培智学校义务教育课程标准(2016)》。2016年,教育部面向三类特殊教育学校分别出台了《聋校义务教育课程标准(2016)》《盲校义务教育课程标准(2016)》以及《培智学校义务教育课程标准(2016)》。本书研究立足于培智学校,面向中重度智力障碍学生,基于培智学校义务教育课程标准而推进与展开。

(二)培智学校

培智学校,又称辅读学校,是专门为智力落后儿童和青少年提供教育康复服务的学校。本书研究所立足的学校是区域内唯一一所专门招收中重度智力障碍学生的九年制义务制学校。培智学校在课程标准上除了作小学阶段和中学阶段划分外,还在界定与梳理教学内容与目标时,将一至九年级分为低、中、高三个年级段:一至三年级为低年级段、四至六年级为中年级段,七至九年级为高年级段。

(三)"3+X"创新教室

依据《培智学校义务教育课程标准(2016)》所提出的核心教育目标,以及培智学校学生发展现状,"3+X"创新教室是指在培智学校班级教室内,创设"3"大核心功能区域,即"1个生活区""1个学习区""1个休闲区",以及基于"班级文化""学生个性"增设的"X"项班本化区域。

通过教室环境重构,"创新教室"除了增添硬件、划分区域、美化环境、提供支持外,更重要的是依托环境,围绕学生发展,结合课堂教学、班级管理设计与开展区域活动。

在具体操作时,"3+X"创新教室并不改变学校教室的建筑结构和面积大小。因此,"3+X"教室依旧是传统意义上的普通学校"小教室"——"传统而普通"。然而,本书研究通过教室内部环境重构,以及开展教育教学活动,使得教学有效、课标落地,由此生成"大智慧"——"环境创新与课堂革新"。

三、理论基础

(一) 视觉支持策略

视觉支持策略是一种利用各种视觉工具帮助特殊儿童理解和适应环境、日常活动和时间顺序的策略。这些工具包括视觉流程图、规则提示卡、视觉行事历等,旨在通过直观的方式传递信息,减少儿童的表达困惑,提高他们的适应能力和社交技能。培智学校学生主要为 IQ≤50 的中重度智力障碍学生,其认知加工、语言沟通及学习能力等显著落后于普通学生,且存在明显的个体差异。研究表明,孤独症学生具有视觉优势;智力障碍学生需要多感官信息来支持其认知与加工。临床上大量的经验与数据表明,视觉支持策略被广泛应用于智力障碍儿童、孤独症儿童的学习与康复中。由此,通过教室环境打造各功能区域,充分运用视觉支持策略,投放不同视觉学习材料,实施教学活动,有利于智力障碍学生的学习与适应。

(二) 通用学习设计理论

在融合教育日益发展的背景下,教育愈趋需要满足多样性,而特殊教育向来注重个别化。通用学习设计理论强调在设计教育活动和材料时考虑不同学习者的需求和能力,即学生多样化,关注教和学的全过程,细致分析学生个性化特征,统筹运用课程资源和辅助技术,多元化呈现学习内容,赋予儿童多种表达手段和参与机会。

基于通用学习设计理论,教学环境与教学过程具有开放、多元、灵活的特点,使教育和环境适应不同学生的学习需求和能力,从而实现教育的包容性和效率。

现代特殊教育理念的更新和信息技术的发展为培智学校课堂教学创新提供了理论与实践支撑。本书将通用学习设计理念应用于培智学校生活适应课堂,并进一步从教学目标、教学内容、教学方法、教学评价的角度探讨在这一理念的引导下培智学校生活适应课程的创新设计,为生活适应课堂教学方法的创新提供参考。

四、研究目标

本书基于"新课标",以培智学校一至九年级学生和班级教室为研究对象,形成校本化的学生发展目标,打造培智学校"3+X"创新教室,并立足课堂教学与在校生活,进行区域活动设计与教学创新,以期促进部编课标有效落实,以及学生学习与学校适应能力的显著提升。

● 聚焦"新课标",明确育人目标:深入研读"新课标",全面评估学生发展现状,将课标目标转化为学生核心素养与发展目标。

● 构建"3+X",打造育人环境:围绕学生核心素养,探究"3+X"创新教室的核心要素与创设途径,包括区域目标、创设原则与方法,区域布局与材料投放策略,形成可复制、可推广的培智学校教室构建模式。

● 运用"3+X",探索育人功能:将"3+X创新教室"应用至"课堂教学"及"学校生活",探究其育人功能及机制,形成活动案例与配套资源包。

五、研究架构

(一) 转换课标,明确培智学校学生发展目标与现状

1. 探索"新课标"培智学校学生核心素养与培养目标

2007年,教育部出台《培智学校义务教育课程设置实验方案》。历时九年,国家于2016年发布《培智学校义务教育课程标准(2016)》。随后,培智学校的生活语文、生活数学、生活适应、信息技术等学科教学用书陆续完成编撰并投入使用。有效落实"新课标"必须首先明确与理解"新课标"与"新教材"。因此,本书通过专家分析法,以一线五年以上教龄教师为专家团队,立足于学生发展现状,探讨与分析"新课标"引领下培智学校学生核心素养与发展目标。

2. 了解中重度智障学生在校生活现状与主要困惑

现阶段,培智学校的教育对象情况多样,问题表征愈趋复杂。以密云学校

为例,一至九年级学生除集中表现出学习能力滞后以外,生活能力也堪忧。其背后的深层因素值得研究者关注。为了创设适合培智学校学生的教室环境,我们须先通过评估、访谈等方式,了解学生在校学习与生活现状,再梳理突出问题及其成因,明确适合学生的支持与干预手段等,从而为后续研究提供依据与基础。

(二) 探索策略,构建培智学校"3+X"创新教室

我们对标不同年级学生核心素养与发展目标,找准班级情况与学生特质,明确"3+X"创新教室的创设目标及其核心要素。通过行动研究,我们探究不同班级构建"3+X"创新教室的具体路径与方法,构建"课标"—"生本"—"班本"—"校本"多通道路径的创设原则与细则,包括区域划分、环境布置与器材配置。

(三) 落实课标,挖掘"3+X"创新教室育人功能

1. 在学校生活中运用"3+X"创新教室

从狭义层面来看,学校生活包含学生的校内学习、课余活动、课间生活、与人交往、师生关系、同学关系、团队互动等重要成长与发展活动。依据《中重度智障学生在校生活调查》,培智学校学生普遍存在巨大的适应困难与问题行为。同时,"适应"是"新课标"导向下的核心教育目标之一。由此,在"3+X"创新教室内开展案例研究,探究教室内不同区域、不同活动对学生适应学校生活、改善问题行为的作用机制。

2. 在课堂教学中运用"3+X"创新教室

基于研读课标,面向前期研究形成的培智学校学生核心素养与发展目标,充分运用"3+X"创新教室,提供多样化支持、设计区域活动,促进学生的感知、体验、参与和学习,有效落实课堂教学中的个别化教学与评估,逐步形成个性化的、自主的"教与学"交互形态,构建"新课标"背景下的教学新策略,验证"3+X"创新教室对课堂教学的作用机制(见图1-2)。

六、前人研究

(一)"教室环境"概念的提出

早在20世纪初期,生态心理学家巴克(Barker)基于大量真实情境中的观

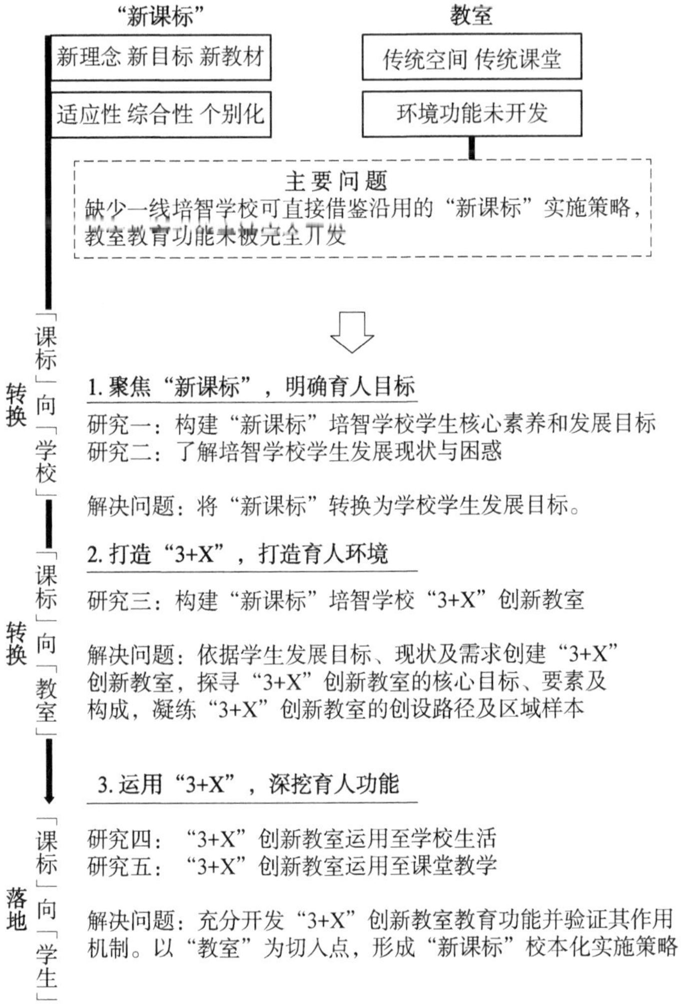

"新课标"　　　　　　　　教室

| 新理念 新目标 新教材 | 传统空间 传统课堂 |

| 适应性 综合性 个别化 | 环境功能未开发 |

主要问题
缺少一线培智学校可直接借鉴沿用的"新课标"实施策略，教室教育功能未被完全开发

课标向**学校** 转换

1. 聚焦"新课标"，明确育人目标

研究一：构建"新课标"培智学校学生核心素养和发展目标
研究二：了解培智学校学生发展现状与困惑

解决问题：将"新课标"转换为学校学生发展目标。

课标向**教室** 转换

2. 打造"3+X"，打造育人环境

研究三：构建"新课标"培智学校"3+X"创新教室

解决问题：依据学生发展目标、现状及需求创建"3+X"创新教室，探寻"3+X"创新教室的核心目标、要素及构成，凝练"3+X"创新教室的创设路径及区域样本

课标向**学生** 落地

3. 运用"3+X"，深挖育人功能

研究四："3+X"创新教室运用至学校生活
研究五："3+X"创新教室运用至课堂教学

解决问题：充分开发"3+X"创新教室教育功能并验证其作用机制。以"教室"为切入点，形成"新课标"校本化实施策略

图 1-2 "3+X"创新教室的创建与研究机制

察数据提出：人总是通过调节自己的行为来适应环境，而环境为人的行为方式提供了线索[1]。由此可见，人对于所处环境具有能动性，环境对于人同时产生影响作用。显然，学习作为个体的主要行为活动之一，研究者们无法忽视生态环境与个体自身对学习所形成的交互作用。因此，随着"学习活动"的形式与内容发生变化，关于"学习环境"的概念界定与分类逐渐细分，聚焦至"教室环境"。

---

[1] Evertson C M, Emmer E T, Worsham M E. Classroom Management for Elementary Teachers [M]. 8th ed. New Jersey: Pearson Education, Inc, 2009.

1. 学习环境

1996 年,威尔逊(Wilson)在《建构主义学习环境:学习环境的案例》一书中提出学习环境观。他认为学习环境是这样一个场所,学习者在这里相互合作,并且利用多种工具和信息资源相互支持,参与解决问题的活动,达到学习的目标。研究者大致把学习环境分成三类:计算机微世界、基于课堂的环境(促进积极学习的丰富环境、抛锚式教学)、开放的虚拟环境[①]。1999 年,乔纳森(Jonassen)对学习环境进行定义:学习环境是学习者共同体一起学习或相互支持的空间,学习者控制学习活动,并且运用信息资源和知识建构工具来解决问题。乔纳森认为,学习环境以技术为支持,在学习过程中技术是学习者探索、建构和反思学习的工具,由此他提出了认知工具和学习策略的重要性并且还考虑了社会背景的支持因素[②]。

国内学者在 21 世纪初开始关注学习环境。武法提提出,很多人认为学习环境是一个静态概念,这种误解源于对"学习环境仅仅是物质环境"的判断[③],事实上,学习环境是一个动态概念,与动态的学习进程紧密联系在一起,是学习活动展开的过程中赖以持续的情况和条件。武法提认为,学习环境的要素不仅包括支撑学习过程的物质条件(学习资源),还涵盖教学模式、教学策略、学习氛围、人际关系等非物质条件。何克抗等学者认为,学习环境是学习资源和人际关系的组合。学习资源包括学习材料(即信息)、帮助学习者学习的认知工具(获取、加工、保存信息的工具)、学习空间(如教室或虚拟网上学校)等;而人际关系则涉及学生之间的互动及师生之间的人际交往[④]。

2. 教学环境

教学环境是一个由多种不同要素构成的复杂系统。广义的教学环境是指影响学校教学活动的全部条件(包括物质和精神方面),它可以是物理环境和心

---

① Epanchin B C, Townsend B, Stoddard K. Constructive Classroom Management: Strategies for Positive Learning Environments [M]. Pacific Grove: Brooks/Cole Publishing Company, 1994.

② Epanchin B C, Townsend B, Stoddard K. Constructive Classroom Management: Strategies for Positive Learning Environments [M]. Pacific Grove: Brooks/Cole Publishing Company, 1994.

③ 武法提. 基于 WEB 的学习环境设计[J]. 电化教育研究,2000(4):33-38,52.

④ 何克抗,林君芬,张文兰. 教学系统设计[M]. 北京:高等教育出版社,2002.

理环境。而这两类环境又可作为相对独立的子系统存在,并具有各自不同的构成要素。狭义的教学环境特指班级内影响教学的全部条件,包括班级规模、座位模式、班级气氛、师生关系等。

教学环境可以分为物理环境和社会文化心理环境,它的最早实践者是意大利幼儿教育学家蒙台梭利(Montessori)。她的教育法建立在对儿童的创造性潜力、儿童的学习动机及个人权利的信念基础之上。蒙氏班的教室也被称为"工作室",是孩子们最主要的学习生活场所,而学习的刺激则来自于整个环境。蒙台梭利教育的最大特色是对环境设计的重视,这种设计旨在满足儿童的需要并促进自我建构,在这样的环境中,儿童的人格和成长得以显现。

3. 教室环境

班级授课制起源于 16 世纪的欧洲,兴起于 17 世纪乌克兰的兄弟会学校,1632 年,捷克教育家夸美纽斯(Comenius)出版了《大教学论》后,形成了班级授课制的系统化理论①。随后,赫尔巴特等教育家进行了补充,使它进一步完善。而率先正式使用"班级"一词的是文艺复兴时期的著名教育家艾拉斯莫斯(Erasmus)。班级授课制在我国正式全面推行是在辛亥革命以后。

教室是学生在校学习生活的主要室内场所,也是他们在学校生活中所处时间最长、最为熟悉的学习环境之一。教室环境是指教育教学所需要的班级中的物质和精神条件,主要包含两个方面:一是班级的物质条件与设施——物理环境;二是教师与学生之间所构成的教育氛围和人际关系——社会性环境。物理性环境是指班级教室中的物质条件,包括教室的采光、桌角、区角、橱柜设置等,这些都应符合学生的视听觉健康安全要求。此外,空间规划、墙面设计也应有利于教学的顺利进行。社会性环境是指班级中所有成员的共同心理物质或心理倾向,通过成员间交互作用而产生的一种独特的班级氛围。无论是班级的物理性环境还是社会性环境,在创设过程中都要充分引导每位学生的积极参与,以确保教育教学活动取得最佳效果。在教室内,学生会进行学习、休闲等多种活动。由此,如何进行合理有智慧的教室环境创设,促进学生有效学习与健康休闲,是我们研究"教室环境"的核心目标。

综上,"学习环境"是"教室环境"的上位概念,前者涵盖影响学习者学习的

---

① Hardin, C J. Effective Classroom Management: Models and Strategies for Today's Classrooms[M]. New Jersey: Pearson Merrill Prentice Hall, 2014.

一切外部条件,是指促进学习者主动建构知识意义和促进能力生成的外部条件,主要包括:①物理学习环境;②资源学习环境;③技术学习环境;④情感学习环境。由"学习环境"分类聚焦至"教室环境",一方面体现了教学形式的演变,另一方面也促使研究更为聚焦。

(二) 教室环境的国内外研究

1. 义务教育阶段

在义务教育阶段,一线教师对于教学中的"情境体验法"非常熟悉,众多教育者会在教室内创设情景以促进课堂教学。然而,这种环境创设往往具有临时性,通常仅针对独立的课时教学进行设计与运用。

此外,大量实践证明,智慧规划的"外部环境"有助于"班级文化"营造和学生个体成长。例如,有作者从师生互动的角度探讨了"共创班级物质文化",主要以案例的方式讨论了座位安排和墙报建设的策略,并提出教师作为班级文化建设管理者和指导者应当注意的行动原则。还有作者针对当前小学物质文化建设中集中发现的问题,如"教室内部环境杂乱无章""布置教室的内容过于单一、缺乏个性"以及"对于教室内部设施的管理不够细致,导致教室里教学资源未能充分利用"等提出解决策略。这些策略包括:内容选择要符合学生身心发展特点;活动布置要能体现学生的自主性和参与性;要创设丰富有内涵的班级墙上文化,打造实用班级角落文化,让学生参与教室环境的规范管理工作等。

国外,特别是在美国,有学者认为物理环境的安排是班级管理的逻辑起点,因为这是每个教师在开学前的准备工作中必须考虑和解决的问题;教室空间的利用方式对学生如何参与班级活动以及师生之间、学生之间的相互交往有着重要的暗示。此外,还有研究指出,教室内物品和空间的有效安排能够促进注意力分散的学生更好地关注学习。

美国有关"教室布置"(classroom management)的著作中,针对有效安排教室提出了更具体、局部且可操作的原则:①人流量较大的区域不得拥挤;②确保教师能轻松观察到每位学生;③保持常用教学材料和学生用品的便利获取;④确保教室里每个学生都能轻松看到全班性的表演或展示。此外,还有学者把有效安排教室(organizing the classroom)需考虑的要素提炼为三个关键词:①明显可见,主要指学生与教师之间相互都能轻松看见对方;②便利接近与获取,主要指学生与教师之间空间不拥挤,相互接近顺利,以及教学材料的合理储备、摆放；③随境转移，着重强调教室空间的安排应当避免过度装饰，而诸如图画、玩具等教学用品也应恰当摆放，以免在上课期间分散学生的注意力。

2. 学前教育阶段

在各学段中，学前教育领域对"教室环境的创设"尤为重视，相关文献和研究也相对较多。我国《幼儿园指导纲要》明确指出："环境是重要的教育资源。"陈鹤琴先生强调："幼儿园环境是儿童所接触的，能给他刺激的一切。"因此，在教室环境中创设情境、开展游戏是幼儿园课程中不可缺少的组成部分。好的环境创设对幼儿的智力发展、兴趣激发、社会交往等具有促进作用。

吴海云[①]对幼儿园区域活动空间设置的有效性进行了实践研究，提出创设有效的区域活动空间环境需要做到以下几个方面：区域空间设置的内容应基于教育目标；区域空间设置要美观、适用；区域空间设置指示要清晰明确；区域空间设置要能吸引幼儿主动参与；区域空间设置要能与幼儿对话；区域空间设置要有利于幼儿专注活动。

王静[②]对增强现实技术在幼儿园教学中的运用进行了实践研究，指出运用增强现实技术可将虚拟的信息添加到现实世界中，教师可通过将系统生成的虚拟物体、信息或场景叠加到真实的场景中，增强现实效果。目前，国内许多有条件的学校都开始尝试在部分课程中运用增强现实技术，引导学生在真实化的场景中学习和探索。将增强现实技术运用到幼儿园教育中，有利于创设更加有效的认知环境，激发幼儿探索世界、了解事物的动力，培养幼儿主动学习和探究的精神，并帮助他们养成良好的学习习惯。这不仅是现代幼儿园教育教学发展的必然趋势，更是促进幼儿健康快乐成长的重要途径。

意大利教育家玛莉亚·蒙特梭利博士所创立的蒙氏教育法强调了"教室环境"的重要性。蒙台梭利认为：教室是一个小社会的雏形，孩子在其中学会尊重别人，接受别人，学习如何分享自己学会的知识技巧，并学会如何领导别人[③]。蒙台梭利十分重视环境，认为如果儿童被置于一个有利于他们发展的环境中，

① 吴海云. 区域活动空间设置的有效性初探[J]. 教育导刊(下半月),2005(5):21-22.
② 王静. 试析基于增强现实的幼儿认知教学环境创设策略[C]. 2019 全国教育教学创新与发展高端论坛论文集(卷二),中国教育发展战略学会教育教学创新专业委员会,2019.
③ Hardin, C J. Effective Classroom Management: Models and Strategies for Today's Classrooms [M]. New Jersey: Pearson Merrill Prentice Hall, 2014.

使他们能按自己的需要、发展节奏和速度来行动,他们就会显现出惊人的特性和智慧。蒙台梭利甚至指出:"在学校中,环境教育儿童。"这意味着环境不仅是重要的教育内容,教育方法的许多方面亦由环境所决定。蒙台梭利不断强调环境的重要性。她认为,第一,儿童是精神胚体,依赖于环境的保护和滋润;第二,儿童是探索者,需赖以吸收环境中的各种印象来建构心智;第三,童年之秘隐藏在儿童的环境中,唯有透过开放的环境,才能将真正内在的潜能发挥出来;第四,环境是教育的工具,所以预备一个适合儿童发挥其禀赋的环境,应该成为教育的目标①。教育应当是教师、儿童和环境三者的相互影响,教师必须提供适合儿童发展的"有准备的环境"②。

瑞吉欧幼儿教育方案(Reggio Emilia Approach)认为环境是教育的一个组成部分,学校没有一处无用的环境,每所学校都有其独特的环境,因为这些环境都是根据幼儿、家长、教师的需求共同创设的,体现了他们的共同研究与创造。③

(三) 培智学校教室环境的研究

实际上,研究者们十分重视环境对于培智学校教育的重要性。然而,大多数的研究却集中在培智学校校园环境创设的理论研究以及普通学校特殊教育资源教室环境建设上,有关培智学校本身的教室环境的建设关注度不高。现有的研究大多对环境创设的重要性进行了阐述,但相关的实践研究少之又少。

1. 特殊教育对教室环境的普遍关注

陆飞玉阐述了精心布置智障学生教室环境的作用,认为这可以促进教学活动、营造友爱和谐的良好班风、培养良好的行为习惯和丰富学生知识④。王春雨和钱燕倩在《盲生教室的环境布置》一文中,论述了低年级和高年级盲生教室布置的内容、原则以及管理教室环境需要注意的问题⑤。王晓晗在她的硕士学

---

① Hardin, C J. Effective Classroom Management: Models and Strategies for Today's Classrooms [M]. New Jersey: Pearson Merrill Prentice Hall, 2014.
② Hardin, C J. Effective Classroom Management: Models and Strategies for Today's Classrooms [M]. New Jersey: Pearson Merrill Prentice Hall, 2014.
③ Hardin, C J. Effective Classroom Management: Models and Strategies for Today's Classrooms [M]. New Jersey: Pearson Merrill Prentice Hall, 2014.
④ 陆飞玉. 精心布置智障学生教室环境提升教育教学效果[J]. 南京特教学院学报,2006(3):38-39.
⑤ 王春雨,钱燕倩. 盲生教室的环境布置[J]. 现代特殊教育,2000(9):42-43.

位论文《智障儿童教育学校环境艺术研究：以武汉市培智中心校园环境改造为例》中，将园艺疗法、动物辅助疗法等康复治疗手段与环境艺术设计相结合，通过实地测量、现场调研、问卷调查等方法，分析了培智学校校园环境的现有问题以及校园中智障儿童的真实需求①。她提出通过增加校内康复治疗功能、整合校内景观绿化、运用人体工程学等设计手段，营建出一个功能完善、景观良好、适合校内所有人群的校园环境。

由此可见，特殊教育教室环境的作用已经受到视障、培智教育等领域的普遍关注。然而，具体如何在教学实践中开展及其作用机制尚未得到深入探究与总结。

2. 创设教室环境促进个别化教学

特殊学生个体差异显著，特殊教育强调个别化教学，传统的教室在一定程度上束缚了课堂教学个别化支持的落实。

吴建武认为：培智班级环境创设中突出表现出学生参与性不足的问题。具体表现为：一是学生参与机会少；二是学生参与形式单一；三是学生参与程度浅②。这些问题背后的原因在于教师观念陈旧，教师技能、精力不足和学生评价标准不科学等。由此，作者提出了教师转变观念、认识参与价值、重视学生需要等让学生参与物理性环境创设的策略。

张华香提到，近年来，特殊教育学校的教育对象从单一障碍逐渐变为多重障碍，尤其在智障教育领域，教育对象从轻度智力障碍逐渐变成了中重度智力障碍③。适应性行为缺陷是这些中重度智障儿童的主要缺陷之一。这些儿童入学后面对陌生的人群和环境，缺乏大量的经验准备，很难适应学校生活，从而影响正常的教育教学工作的开展。因此，合理布置教室环境对于改善他们的障碍起到了至关重要的作用。同时，她还提出了布置环境时应努力做到以下几点：①教室墙面布置温馨化和五彩化；②教室关键信息布置视觉化和结构化；③教室板报布置参与化和合作化。

① 王晓晗.智障儿童教育学校环境艺术研究：以武汉市培智中心校园环境改造为例[D].武汉：华中科技大学,2018.
② 吴建武.培智班级环境创设中的学生参与性问题与策略[J].南京特教学院学报,2006(1)：24-26.
③ 张华香.培智学校生活语文课程校本化实施的困境与突破：以广州市为例[J].现代特殊教育,2022(16)：33-37.

还有学者认为,区域活动是在开放教育以及个别化教育理念的影响下产生的,最能体现特殊儿童的本体性价值,也最能够实现对特殊儿童的个别化支持①。班级开展区域活动能面向全体特殊儿童,孩子们在这里可以根据自己的兴趣爱好自由选择操作材料,进行多种形式的学习,获得多方面的经验,这对于促进特殊儿童全面和谐发展具有重要作用。教室的区角活动要设置科学、合理的区域分隔,建构丰富的区域布局。同时,区域环境创设中离不开教师的支持策略,主要包括:不断替换和更新材料;提供有层次性或递进性的材料;提供可以与特殊儿童互动的材料;体现特殊儿童本位。

(四) 培智学校学生学习认知特点

1. 中重度智障儿童存在明显的信息加工偏好

实际上,教育教学是师生之间、生生之间的互动过程,要保证这个过程顺利进行,最基本的就是要保证信息在双方之间的传递。任何教学都必须考虑教与学双方对教学信息的传递与表达、接收与理解的能力和偏好,对于特殊儿童而言,这一点尤为重要。

培智学校学生为 IQ≤50 的中重度智力障碍儿童,与普通儿童相比,他们明显表现出认知与学习能力落后、感知觉异常、注意品质较差、课堂学习习惯不佳等问题。这些因素普遍导致培智学校课堂存在教学目标达成度低、学生参与度低、教学成效不明显等问题。

研究证明,特殊儿童,尤其是孤独症与沟通障碍儿童,存在视觉加工优势。TEACCH 结构化教学、AAC 辅助沟通等治疗干预方法都结合了特殊儿童的这一认知特点,给予学生充分的视觉提示。甚至,在孤独症儿童的教育康复与治疗干预中,"视觉提示"几乎成为主流研究与临床运用中不可缺少的一种手段和方法。

所谓视觉提示,顾名思义是能够看得到的提示,指通过视觉通道获取信息的认知方式。在日常生活中,"视觉提示"无处不在,例如马路上的交通信号灯、公共场所内各种指示语与安全标识。而在特殊学校课堂教学中,"视觉提示策略"被广泛使用,教师综合使用各种视觉工具和视觉材料,如图片、照片、文字、

---

① 张文京,严小琴. 特殊儿童个别化教育:理论、计划、实施[M]. 3 版. 重庆:重庆大学出版社,2023.

标识、线条、表格等视觉媒介,以促进学生理解教育教学指令、参与课堂互动、掌握教学内容,从而提升课堂教学有效性。

2. 培智学校课堂教学必须关注个体差异

密云学校作为区域内唯一一所面向中重度智力障碍儿童的九年制义务制特殊学校,班级学生平均为 10 名。尽管培智学校班级学生仅为普通学校的 1/3～1/4,然而中重度智障学生由于先天及后天因素,普遍在智力、认知、言语、情感、行为等多方面明显落后于普通儿童。实际上,在培智学校课堂表现出的教学困难、互动困难、课堂纪律混乱等问题背后,中重度智力障碍儿童显著的个体差异几乎成为培智学校提升课堂有效性最棘手的问题之一。在只有 10 名学生的教室内,每位学生的学习认知能力、沟通交往能力、感知觉能力、兴趣喜好都各不相同,这造成其学习行为问题的成因也各不相同。

依据《培智学校义务教育课程标准(2016)》,尊重个体差异,因材施教,开展个别化教育是特殊教育的核心教育理念。大量的一线教育教学实践、特殊学生个案研究都强调教育康复需要正确评估与解读每位学生,设置针对性的教学目标、提供个性化的支持手段。

由此可见,基于"视觉提示"策略,面向特殊学生个体差异,我们有理由相信,智慧利用教室环境,提供适合学生的可视化学习内容,将会促进课标落地,显著提升教学有效性。

(五) 问题与启示

综上所述,教室环境对学生的学习习惯、生活适应能力以及社会交往能力有着重要影响。现有相关研究多涉及义务教育阶段的普通中小学在班级文化建设和学前教育阶段对教室环境的关注,而针对培智学校教室环境创设的文献关注度仍然不足,且大多处于理论阶段,鲜有实践性的研究文献。

毋庸置疑,教室、学校、家庭、社会等"学习环境"对学生学习的影响异常重要。可惜的是,对于"教室环境"的创设,学前教育阶段远优于义务教育阶段。然而,特殊儿童尽管实际年龄为义务教育阶段,可其学习能力、认知水平等远落后于同年龄段的普通儿童。因此,培智学校完全有理由打破"义务教育"的局限与束缚,重视"学习环境"在教育康复中的作用。

随着我国新一轮课程改革的深入推进,教育越来越重视人才综合素养的培养,其中一项关键措施就是将综合实践活动纳入核心课程。在这一教育发展趋势下,教育部所下发的《培智学校义务教育课程标准(2016)》中有多门学科明确提出"综合性学习"的要求。事实上,中重度智障学生的感知、思维、语言、注意力、观察力等显著落后于正常学龄期儿童,其发展程度甚至弱于学龄前的正常儿童。因此,我们已达成共识,特殊教育尤其需要直观、真实、完整、贴近生活的情景教育和实践学习。由此可见,在"新课标"的引领下,我们探究培智学校"教室环境"创设在课堂教学中的作用,其成果具有极大的推广价值。

此外,一线教学经验显示,尤其是低年级学生较难适应学校生活,这在很大程度上影响了学校、班级的正常教学秩序,同时也导致学生个体无法投入学习活动。有实践证明,从教室环境的布置着手,对于学生的行为塑造、习惯养成以及适应能力的提升都有积极作用。再者,基于"融合教育"、"无障碍"校园的理念,特殊教育学校都竭尽全力在学校环境、教室环境中为学生提供类似于视觉、听觉等各种途径的支持,帮助他们更好地适应学校生活。

综上,无论是从特殊学生个体出发,还是遵从"新课标"的统领性育人目标,以及特殊教育的课程改革需求,重视"教学环境"的教育全渗透,打破传统的教育康复实施方式,都是现代特殊教育希望看到的改变与发展。

七、研究意义

基于通用学习设计、视觉提示策略等教育康复理念,依据研究现状,教室环境对学生的学习成效、习惯养成、行为塑造以及班级管理等具有积极作用,在普通教育领域已呈现出大量实践研究与成功案例。然而,培智学校教室环境功能还未被充分系统地开发、挖掘与梳理。特殊儿童学习能力、个性特质与普通儿童相比存在巨大差异,因此,我们有理由相信,依据课标进行有智慧的教室环境创设,能够打破传统课堂有限的时间与空间,促进学生的课堂学习与适应学校生活。该研究以"新课标"为导向,为基层培智学校提供打造教室环境的依据、方法以及实践运用途径。

(一)准确把握与定位"新课标"背景下学生发展

在培智学校课堂教学中,中重度智障学生集中表现出认知能力落后、言语沟通水平弱,感知觉异常、注意品质较差等问题。尤其随着融合教育不断深化与完善,培智学校安置学生的残障程度愈趋严重。在此背景下,我们普遍发现培智学校课堂存在教学目标达成度低、学生参与度低、教学成效不明显等问题。同时,智力障碍学生个体差异显著,因学校不同、家庭不同,培智学校学生在表现出发展的规律性以外,更具有明显的差异性。

因此,如何创造性地有效贯彻落实义务教育新方案"新课标",深入推进课程教学改革,成为一个重要课题。这要求我们认真研究课标、了解学生,准确把握课标导向下的学生培养目标,明确课标与学生的距离,由此引导并生成落实课标的途径。

培智学校义务教育课程标准的出台与实施,标志着中国特殊教育进入高质量发展新阶段。在这一时代背景下,本书研究为各基层学校精准把握时代新人培养目标与具体要求提供了借鉴,并为后续开展课程教学改革指明了方向。

(二) 创新开发与构建"新课标"背景下教室环境与教学模式

除了教育教学活动本身,学习环境亦是课堂的重要组成部分。就培智学校教室而言,充分开发、合理利用视觉提示、区域活动、信息化技术、硬件设施等,将会给学生提供有针对性的个性化支持,为课堂教学提供有效策略,为课标实施提供方案。然而,当前培智学校的教室功能未被系统开发,缺少课标导向下的贴合课堂教学与学生发展的创新性教室。

由此,本书研究致力于在课标引领下,逐步解决"3+X"是怎样的教室,如何打造"3+X"教室,如何运用"3+X"教室等一系列问题,创新开发与构建课标导向下的教室环境,以期为一线培智学校的课标落地提供模式参考。

第 二 章

研究过程:"ョ+X"创新教室的构建与实践

一、搭建"双核心·跨学科·全参与"研究团队与机制

学校教育资源包括课程资源、师资力量、环境资源等软硬件资源,而课堂教学是教育教学的主阵地,教室则是教育与成长发生的首要场所。由此,学校全体教师,包括不同学科的教师和班主任都应积极参与"3+X"创新教室的构建与实施。

本书研究形成了由校长室领衔—科研室主导—后勤部门保障—学科骨干与班主任双核心小组—教研组抱团—全体教师参与,"跨学科融合、层层递进",最终将实践研究落实至每位学生的研究工作机制(见图2—1)。

(一) 双核心团队

班主任:"教室环境"是本书研究的主战场,学生绝大多数学习与休闲活动都发生在教室内,因此"班主任"当仁不让是本研究的核心队伍。全体班主任以年级组为单位抱团行动,负责落实教室环境在班级管理中的实践研究。

学科骨干:以生活语文、生活数学、生活适应三门学科的骨干教师为主,其余学科骨干教师为辅,在课堂教学研究中先行开拓,探索引领。骨干教师形成"研课范式"和"优秀课例",后续在教研组内全面推行,验证、改进与完善。

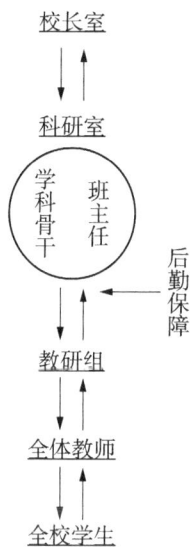

图2-1 "3+X"创新教室研究工作机制

校长室

科研室

学科骨干　班主任

后勤保障

教研组

全体教师

全校学生

(二) 跨学科融合

"3+X"创新教室三大核心区域分别为"生活区""学习区"和"休闲区"。这一设计体现了面向"新课标"注重课程综合、学科关联以及综合活动的教育理念。"3+X"创新教室强调利用区域开展综合活动,在教师构建"3+X"创新教室的过程中,强调"抱团备课、联合教研、学科融合"。

由此,"跨学科融合"主要体现在两个方面:一是不同学科教师同时参与研讨;二是"3+X"教室创设与活动设计指向的是学生实际生活和核心素养的"融合性"发展目标,而非单一学科目标。

(三) 全参与模式

"新课标"的创新与有效实施是基层学校现阶段最重要的任务之一,直接关系到学校课程的整体规划以及学校课程教学的实施。因此,"3+X"创新教室的创设与运用以核心团队为骨干和引领,以全员教师参与为主线和实践,以最终作用至全体学生为目标。

二、构建"新课标"培智学校学生发展核心素养与培养目标

(一) 梳理"新课标"一般性课程学科核心素养

2016年《中国学生发展核心素养》提出了培养学生的六大核心素养,个人修养、社会关爱、家国情怀、自主发展、合作参与、创新实践,涵盖学科基础、个体适应未来社会生活和个人终身发展。核心素养是每个个体完成生活、适应终身发展所必备的品格和关键能力,其内涵与外延既超越知识,又超越能力,强调先天素质与后天教养的共同作用。

今天,全世界都强调为素养而教,几乎所有国家都制定了自己的核心素养或关键能力框架。尽管各国对于素养的定义存在差异,但教育者普遍关注的"素养"内核的界定高度统一——在真实世界中解决问题。核心素养的精髓在于真实性,即将学校所学迁移到现实世界中。由此可见,核心素养应该为人人所需,就其"解决真实情境中的问题"而言,对于培智学校中重度智障学生意义尤为重大。尽管在《培智学校义务教育课程标准(2016)》中未明确提及"核心素养",但在具体实施教育教学的过程中,极有必要将教材中的知识和面对实际生活中的素养相关联。

因此,本书研究首先通过专家研讨法,以林崇德等编制的《中国学生发展核心素养》为依据,结合《义务教育课程标准(2022 年版)》各学科的核心素养,基于《培智学校义务教育课程标准(2016)》中培智学校义务教育七门一般性课程(必修课)的课程目标、内容与方法等,梳理、研讨并形成培智学校一般性课程学科核心素养(见表 2-1)。

表 2-1 培智学校义务教育一般性课程学科核心素养

学科	核心素养	对标文本	调整逻辑
生活语文	文化自信、语言运用、思维能力、审美创造	学科核心素养	对标语文学科
生活数学	会用数学的眼光观察身边事物、会用数学的思维思考现实世界、会用数学的方法解决生活中的问题	学科核心素养	对标数学学科
生活适应	适应能力、健康行为、健全人格、社会参与	学生发展核心素养	培智学校学科
劳动技能	劳动参与、劳动能力、劳动习惯和品质、劳动精神	学科核心素养	对标劳动学科
唱游与律动	音乐感知、音乐实践、文化理解	学科核心素养	对标艺术学科
绘画与手工	美术感知、美术实践、文化理解	学科核心素养	对标艺术学科
运动与保健	运动能力、健康行为、体育品德	学科核心素养	对标体育与运动学科

培智学校义务教育一般性课程与义务教育课程的区别主要体现在以下三个方面。

(1) 学科注重"生活性"。首先,培智学校的生活语文、生活数学两门学科,其学科名称中就包含"生活"一词,这表明培智学校关于"语文、数学"的学习在知识层面较浅显,而在技能层面则更贴近实际。另外,培智学校增加了生活适应学科。这门学科在(普通教育)义务教育课程中是没有的,这进一步明确了培智教育"促进学生适应生活"的核心目标。生活适应学科聚焦家庭、学校、社会等个人主要生活领域,兼具认知与方法,从具体场景着手,强调课本即生活。

(2) 学科注重"操作性"。其一,以劳动技能学科为例,该门课程在培智学校课程中至关重要。从自我照料、家务劳动、公益劳动到简单生产劳动,劳动技能集中于帮助学生获得未来生活所需要的劳动技能。从学科本身而言,劳动技能注重通过实际操作、反复操练,促使学生掌握相关技能。其二,中重度智障学生的认知加工更依赖于实际操作与具体体验,因此,培智学校课程倡导体验、感知、操作等学习模式。

(3) 学科注重"康复性"。在培智学校中,重度智力障碍学生除了智力落后以外,更多表现出言语沟通、运动、感知觉、情绪行为等临床问题。这些问题阻碍了学生进入乃至适应课堂。因此,培智学校课程除了包含康复训练以外,一般性课程的课程目标也包含改善学生功能,课程实施强调教育与康复的有机结合。注重"康复性"在各学科的低年级段(一至三年级)尤为凸显,特别是在运动与保健、唱游与律动、绘画与手工等学科中更为突出。

(二) 构建"新课标"培智学校学生发展核心素养

"课标"不断深化,时代持续发展,培智学校学生呈现出高度异质而多样化。构建学科核心素养促进我们从更高位思考学科教学,同时明确培智学校学生发展核心素养是各基层学校开展国家课程校本化实施的出发点与落脚点。

2014年,《关于全面深化课程改革落实立德树人根本任务的意见》提出了"中国学生发展核心素养",明确以培养"全面发展的人"为核心,分为文化基础、自主发展、社会参与三个方面,综合表现为人文底蕴、科学精神、学会学习、健康生活、责任担当、实践创新等六大素养,具体细化为18个基本要点。《培智学校课程实施方案(2007)》明确了智力残疾学生的培养目标:"全面贯彻党的教育方针,体现社会文明进步的要求,使得智力残疾学生初步具有爱国主义、集体主义精神……具有乐观向上的生活态度;具有基本的文化科学知识和适应生活、社会以及自我服务的技能;养成健康的行为习惯和生活方式,成为适应社会发展的公民。"2016年,"新课标"出台,进一步明确了各学科的教育目标。

由此,我们详细罗列培智学校义务教育课程标准各学科教学目标,对标《中国学生发展核心素养》,构建"新课标"培智学校学生的核心素养(见表2-2)。

表2-2 "新课标"培智学校学生发展核心素养

中国学生发展核心素养			培智学校学生发展核心素养	学科
文化基础	人文底蕴	人文积淀	热爱语言文字,积累语言知识,正确理解与运用语言文字	生活语文
		人文情怀	尊重他人和自身	全学科

(续表)

中国学生发展核心素养			培智学校学生发展核心素养	学科
		审美情趣	具有艺术表达的兴趣,培养艺术表达的知识、技能与方法;能理解文化艺术的多样性,能够感知、欣赏、评价美的意识和基本能力	唱游与律动 绘画与手工
	科学精神	理性思维	培养初步思维能力,发展抽象思维	生活语文 生活数学
		批判质疑	能够思考问题,做出选择和决定等	全学科
		勇于探究	具有好奇心,愿意尝试,积极寻找解决问题的方法	全学科
自主发展	学会学习	乐学善学	形成良好正确的学习习惯,体验学习的快乐	全学科
		勤于反思	能对自己的学习状态有认识,根据不同情境与实际,愿意做出调整	全学科
		信息意识	能正确、安全地在生活中使用日常电子工具与网络,能够感知与获取生活中不同信息	信息技术
	健康生活	珍爱生命	培养健康的卫生习惯,具有自我保护的能力	生活适应 卫生与保健
		健全人格	具有坚强乐观的人生态度,能够正确与人沟通交往	全学科
		自我管理	生活自理,形成健康的生活方式,能够适应社会	生活适应
社会参与	责任担当	社会责任	具有规则与法治意识,养成符合社会道德的行为规范与生活习惯。文明礼貌,孝亲敬长,有感恩之心,对自我负责,知道人人平等,热爱并尊重自然,采用绿色生活方式与行动等	生活适应
		国家认同	知道社会主义核心素养,热爱家乡、热爱祖国、热爱人民、热爱中国共产党	全学科
		国际理解	能尊重世界多元文化	全学科
	实践创新	劳动意识	尊重劳动,具有积极的劳动态度和良好的劳动习惯,具有动手操作能力,能够从事简单家务劳动、生产劳动、公益活动和社会实践	劳动技能
		问题解决	能解决生活实际问题	生活语文 生活数学
		技术运用	具有掌握技术的兴趣与意愿	全学科

培智学校学生发展核心素养和学科核心素养的形成路径都以义务教育已出台的纲领性文本内容为框架与基准,对标培智学校义务教育课程标准,精准解读、精确梳理、统整而成。

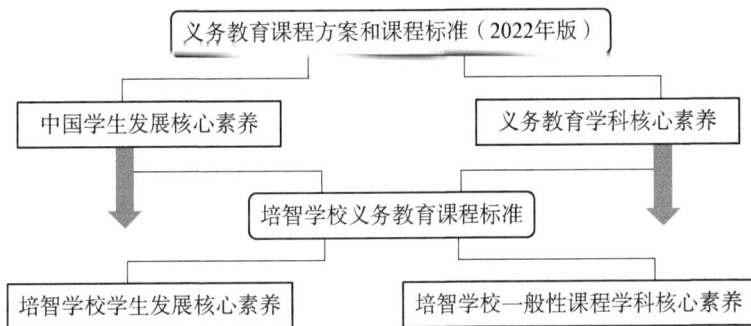

图 2-2　培智学校学生发展核心素养与学科核心素养形成路径

在核心素养导向下,全面发展面向全中国学生,其中自然包括特殊儿童。因此,核心素养的框架同样适用于培智学校学生。在此基础上,对标培智学校义务教育课程标准,从中重度智障学生终身发展和社会生存的必备品格和关键能力出发,培智学校学生发展核心素养更聚焦个人生活与简单社会情境与问题。

(1) 集中呈现出"注重生活、学会劳动、喜爱学习、健全人格"四大点,对应表 2-2 中的"自我管理、乐学善学、劳动意识、珍爱生命、健全人格、社会责任"六个基本点。

江小英关于培智学校学生核心素养认可度的调查结果显示[1],"社会参与"最受培智学校学生家长与教师认同,"健康生活"是最受学生家长与教师重视的核心素养,其次是"劳动意识、健康人格、珍爱生命"等基本点。

(2) 进一步凸显"劳动技能、社会适应"等学科的重要性,"劳动能力与健康生活"是培智课标的核心发展目标。从表 2-2 中可以发现,每一项核心素养都有其主要实现的课程与学科,在全学科共同作用的课程实施理念下,"劳动技能、社会适应、生活语文、生活数学"等学科教育职能比重较高。

(3) 弱化"批判质疑、国际理解、技术运用"等基本点。从中重度智障学生

---

[1] 江小英.培智学校学生核心素养认可度的调查研究[J].现代特殊教育,2022(16):24-31.

的能力与发展目标而言,这三项基本点非其关键能力与必备品格。相较于"文化基础","自主发展"与"社会参与"对于培智学校学生发展更为重要。

(三) 对"新课标"培智学校学生发展核心素养及培养目标的校本化表达

1. 学生核心素养的校本化表达

从学生发展核心素养到培智学校学生发展核心素养,是深入研读"新课标",挖掘课标深层理念与落实途径的首要工作之一。培智学校学生发展核心素养面向的是中重度智障学生的整体性,然而在其引领下,特殊学生不可避免且极为显著的是其个体性与教育需求的多样性,特殊教育需要个别化落实。因此,对学生核心素养进行校本化表达非常关键,基层学校有必要基于学校办学理念构建学生核心素养及发展目标,这为后续深度推进国家课标校本化实践,完善课程设计,革新课程教学,提供了依据与评价指标。

密云学校是区里唯一一所面向中重度智力障碍学生的九年制义务制特殊教育学校。学校从办学理念"让每个孩子充满自信地融入社会"出发,重点围绕"自我管理、乐学善学、珍爱生命、健全人格、社会责任、劳动意识"等基本点,将其校本化表达为"能自理、乐学习、爱生活"三方面,具体分化为"自我服务、情绪管理、习惯养成、学科知识、与人交往、身心健康"六大核心素养(见图2-3)。

能自理:自我管理,自理自立。掌握最基本的自我服务与情绪管理能力。

乐学习:自主学习,快乐成长。形成正确的生活与学习习惯,参与学习获得知识与技能。

爱生活:融入社会,热爱生活。积极向上,身心健康,能够与他人交往,愿意为他人服务,学习并掌握简单生产劳动能力。

由图2-3可见,三大方面中"能自理"主要对标"自我管理";"乐学习"对标"乐学善学";而"爱生活"对标"珍爱生命"。这二大方面六大素养并不是割裂发展的,而是互相作用,促进学生全面发展,从而让学生获得"劳动意识、健全人格、社会责任"。

2. 学生培养目标的校本化表达

呼应国家"有理想、有本领、有担当"的培养目标,进一步细化"能自理、乐学习、爱生活"的学生核心素养,将之校本化表达为"言行有礼,品行有格,德行有光"的学生培养目标,并对应形成课程目标(见表2-3)。

让每个孩子充满自信地融入社会

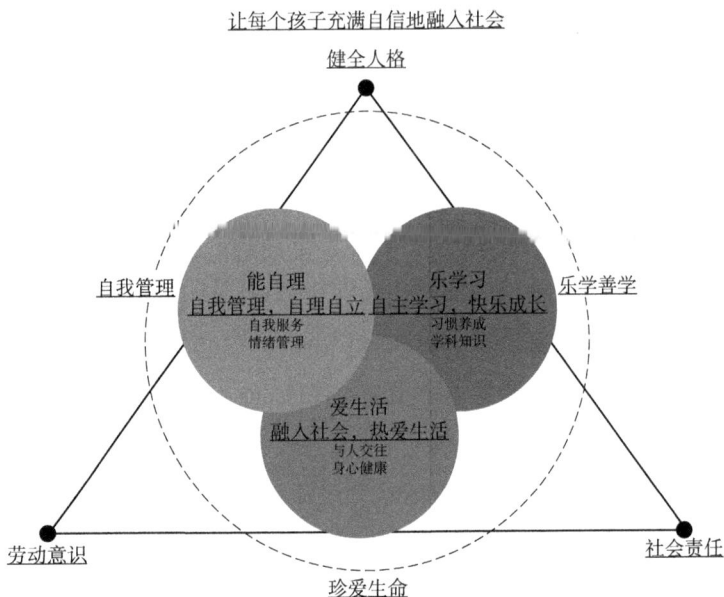

图 2-3　培智学校学生发展核心素养校本化表达

表 2-3　培智学校学生培养目标的校本化表达

核心素养	培养目标	课程目标
能自理	言行有礼	遵守规则知礼仪 自我服务能管理 美好生活有担当
乐学习	品行有格	习惯养成得健康 悦己悦人有品格 乐学善思有本领
爱生活	德行有光	爱祖国、集体和他人 融入社会能适应 学有所长有理想

3. 搭建培智学校学生阶段性发展目标

依据"新课标",培智学校一至九年级依次划分为低、中、高三个年级段,其中一至三年级为低年级段、四至六年级为中年级段、七至九年级为高年级段。一般而言,"新课标"各课程以年级段为学生发展阶段,明确各年级段的教学目标与内容。因此,本书研究首先基于"新课标"形成学科核心素养、学生发展核心素养,再基于"校情"对学生发展核心素养以及学生培养目标进行校本化表述。为了精准地达成"新课标"向校本化的转化,我们进一步将学生发展目标进行阶段性梳理与细分(见图 2-4、表 2-4)。

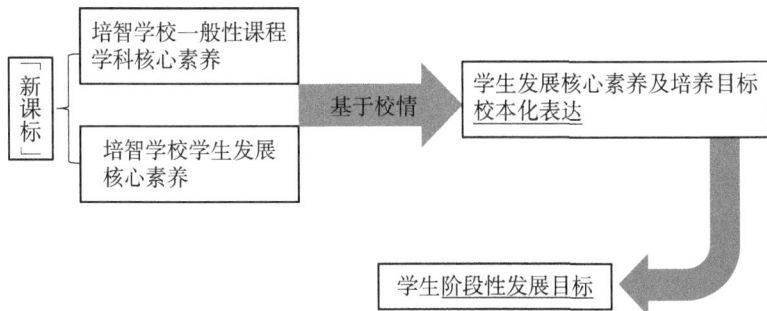

图 2-4 "新课标"向学校转化路径

观察表 2-4,本书研究以"能自理、乐学习、爱生活"为维度,以低、中、高年级段为梯度,围绕学生发展核心素养,形成"三维度三梯度"的培智学校学生阶段性发展目标,让学校落实"新课标"切实有效、精准有序。

(四) 培智学校学生发展现状与困惑的调查研究

中重度智力障碍学生因先天及后天因素,其在认知能力、语言发展以及肢体机能等方面显著落后且差异明显。换言之,智力障碍学生在开展集体活动,进入学习环境,适应学习、家庭以及社区生活等方面,相较于普通儿童更容易产生不适现象与发展困难。作为基层培智学校,十分有必要了解与掌握学生的发展现状、核心问题,这将是学校课堂教学改革以及校园与教室环境改变的重要依据。

由此可见,明确学生发展目标是"新课标转向学校"的"校本化"转化,同时,度量特殊学生发展现状与困惑是我们需要把握的"生本化"起点。

1. 概念界定

基于社会学与心理学相关理论,社会适应能力指人们为了在社会环境中更好地生存而进行的心理、生理以及行为上的各种适应性的改变。一般认为,社会适应能力包括个人生活自理能力、基本劳动能力、选择并从事某种职业的能力、社会交往能力、用道德规范约束自己的能力。从上述"社会适应能力"内涵与外延的界定来看,其在某种程度上与我校(密云学校)对培智学校学生发展核

表2-4 "三维度三梯度"培智学校学生阶段性发展目标

维度	低年级段（一至三年级）	中年级段（四至六年级）	高年级段（七至九年级）
身心健康	知道自己是中国人，尊敬国族，会唱国歌；参与社区活动，认识邻里，知道社区重要标志；初步具有安全意识，遇到危险会躲避	认识社区周边设施，遵守公共秩序；参与健康休闲活动；具有安全常识，遵守交通规则，了解网络安全常识；了解中华民族美德，具有民族自豪感；了解自身优缺点	丰富精神生活，适应自然环境；会利用社区资源，寻求帮助；热爱祖国家乡、人民，热爱传统文化
爱生活	有交往意愿，认识班级同学和老师；在生活情境中简单对话；尊敬老师、友爱同学；不影响干扰他人；知道学习休息时间和场所；养成规范操作习惯，手眼配合完成任务；养成正确进餐习惯；了解学校一日安排，养成基本学习习惯	学习分享与合作，能与他人进行简单交流；学习欣赏他人优点；尊敬长辈，孝敬父母；形成集体荣誉感，能为集体服务；恰当表达不同意见；遵守学校作息，养成良好学习习惯；养成健康饮食习惯与个人卫生习惯；增加劳动兴趣，自主参与劳动；根据生活实际合理制订计划；热悉社区环境	运用通信工具与人交流；参与社区休闲活动，做力所能及的工作；养成良好劳动习惯；形成良好休闲习惯；建立健康消费习惯
乐学习	发展手部操作能力；初步了解传统节日；认识人民币，经历人民币购物	喜欢学习汉字，能自主学习；参与体育锻炼；学习使用简单工具；学习垃圾分类，具有初步环保意识；充分运用肢体和感官参与活动；了解个人兴趣爱好与特长	提升精细动作能力；运用网络获取信息；了解残疾人就业知识，体验常见职业

（续表）

维度	梯度			
		低年级段（一至三年级）	中年级段（四至六年级）	高年级段（七至九年级）
能自理	情绪管理	对身边事物感兴趣，有好奇心	体验各种活动乐趣	充分分享情感体验
		会表达身体感受	学习正确表达情绪	学习调控情绪，正确接纳他人评价，恰当处理问题
	自我服务	知道家庭、学校环境	熟悉家庭、学校环境，学习使用校园设施	熟悉社区环境
		使用与整理学习用品、个人生活物件	掌握简单清洁技能	熟练使用家用电器
		初步学会饮食，如厕、洗手、刷牙等生活技能	尝试独立、半独立生活	掌握多种技能适应生活和职业需求
		遇到问题会求助	知道日常生活安全常识	力所能及为他人服务

心素养的校本化表达所涵盖的"能自理、乐学习、爱生活"三维度高度吻合。

(1)"个人生活自理能力""基本劳动能力"="能自理"。

(2)"从事某种职业的能力""社会交往能力"="爱生活"。

(3)对于培智学校学生而言,自理能力、劳动能力、沟通交往能力的获得绝大部分来自"学习"="乐学习"。

因此,从这个视角出发,我们首先以"适应能力"来界定学生发展。其次,无论是"3+X"创新教室的创设,还是国家课程的校本化落实,我们期望以学校生活为主要研究环境,立足培智学校学生在校生活,对我校一至九年级学生进行学校适应能力的现状调查研究。

2. 调查研究

1)研究一

(1)调查目标:使用《特殊儿童社会适应能力评估表》,评估了解培智学校学生学校适应能力现状。

(2)调查对象:以学校一至九年级(共 11 个班级)102 名学生为研究对象,年龄在 7~16 岁,其中男生 66 名,女生 36 名。

(3)评估步骤:

① 组织以班主任为核心、各学科班级任课教师共同参与的评估团队,前期集中学习《特殊儿童社会适应能力评估指导手册》,清晰掌握评估项目、计分指标、操作说明等,并制订评估计划。

② 依据评估计划,班主任在固定统一的环境下进行观察并记录学生的相关行为。

③ 将需要学科任教教师提供数据的评估项目分发给各位教师,经过一段时间观察后,由班主任对任课教师进行访谈。

④ 统整评估与访谈数据。

(4)结果与讨论。

班主任与任课教师共同明确评估要求与标准、制订评估计划。他们对每位学生控制相同的观察环境与时间,最后的计分基本一致。对数据进行统计分析,结果如下:

① 学生学校适应能力发展普遍较弱,随年级增长未呈现上升趋势。

计算一至九年级学生的学校适应能力部分的班级平均得分率,可以发现学生的适应能力并未随着年级的递增而呈现明显的增长趋势,其中八年级学生的得分率仅为34%,实际上,即使到了九年级,学校仍有学生适应得分率为0。我们进一步按照年级段比较低、中、高年级学生的学校适应能力整体发展情况,一至九年级学生适应能力评估中学校适应板块的平均得分率为40%(得分率25%以下为弱势领域,75%以上为优势领域),即使得分最高的六年级学生也只有72%(见图2-5)。

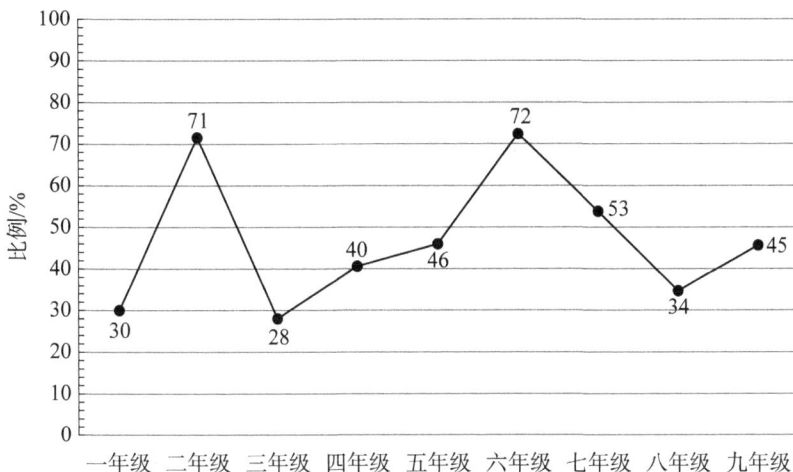

图2-5　学校学生适应能力整体发展情况

② 学生对学校环境的适应度弱于学校规则。

进一步解构学校适应能力后发现,在整体能力都偏低的情况下,学生对学校人员和学校规则的适应能力相对较好,而学校环境、学校事务两项能力的发展则相对较弱(见图2-6)。实际上,培智学校中重度智力障碍学生认知、沟通能力都较弱,在进入陌生环境后必然会出现焦虑与不适应现象,孤独症学生的情况更为明显。这意味着,当学生作为幼儿由家庭进入培智学校,一定较普通儿童更容易出现不适应现象,或者说适应学校的时间会更为漫长。

本书研究认为,学校生活包括课堂学习、课后活动、同伴互动、课间游戏、休息、午饭、如厕等,其内容的繁杂程度甚至高于家庭生活。与此同时,学生在校学习的主要环境为教室,而传统教室单一而缺少变换性,无法为培智学校学生适应多样化的学校生活提供充分支持。

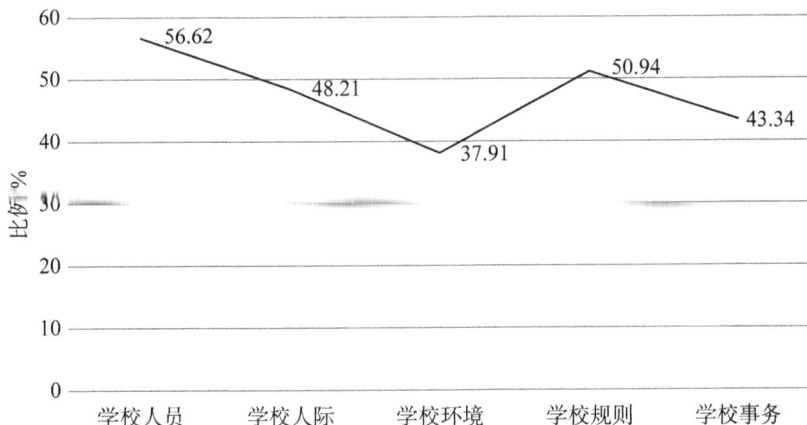

图 2-6 学校适应能力不同项目发展情况

研究表明,适应能力是个体与各种环境因素之间持续而不断改变的相互作用过程。从这个角度出发,它有三个基本组成部分:一是个体,适应过程的主体。在本书研究中,这个主体即为培智学校学生。二是情境,与个体相互作用。这里自然指向学生在校生活中遇到的各种情况与问题。三是改变,是适应的中心环节。它不仅包括个体改变自己以适应环境,还包括改变环境使之适合个体的需要。特殊学生在感知觉与认知加工方面具有特殊性,且其做出改变的能力相对较弱,因此特殊教育学校有必要切合学生思维以及学习与适应特质对环境做出改变。

2) 研究二

(1) 调查目标:通过访谈法,了解普遍困扰教师及家长的学生发展问题。

(2) 调查对象:以学校一至九年级的学生家长(直接抚养者)及班主任为对象,进行"发展问题"相关访谈。

(3) 问卷设计:从"三维度三梯度"的学生阶段性发展目标出发,立足"生活自理、情绪管理、人际交往、课堂学习"等四个方面设计问卷,以了解每个方面学生发展情况、主要问题、问题成因等。

(4) 访谈步骤:

① 选择学校个训室进行访谈,与每位家长及班主任单独进行交流。

② 第一次访谈结束后,将空白访谈表格交给班主任及家长,要求其针对访谈内容对学生进行观察记录。

③ 一个月后,进行第二次访谈。

(5) 结果与讨论。

两次访谈共收集问卷 120 份,所有问卷均为有效。对比两次访谈的结果,我们发现家长与班主任对于观察到的学生发展中的问题并没有出现改变,但是经过一个月的观察记录,第二次访谈显示家长与班主任都对问题背后的功能性有了进一步的思考和发现。对数据进行统计分析,结果如下。

① 家长与班主任都反映学生普遍存在严重的问题行为。

情绪管理方面,家长与班主任都反映学生会出现较明显的问题行为,这不但严重影响学生自身投入学习活动和适应生活的能力,同时也干扰了集体活动的有序开展。按照家长与班主任受困扰程度,从高到低,学生的问题行为依次为"不服从""大声喊叫、尖叫""课堂上擅自离开座位""上课随便讲话""哭闹""发出噪声""刻板""多动""自伤""攻击他人"等(见图 2-7)。令人意外的是,我们通常认为的"自伤""攻击性"却并不是最困扰家长及班主任的问题。对比家长与班主任的访谈结果,两者对学生问题行为的困扰相对统一集中。

图 2-7 学生问题行为困扰家长及班主任情况

不难发现,最为困扰家长及班主任的学生问题行为主要是外向性的社会扰乱行为,更具体而言就是课堂干扰行为,包括言语及行为干扰,而这一现象在低年级学生中尤为明显。

进一步分析其成因,学生在课堂上、团体活动中更易产生问题行为,其诱发刺激一般为"无法正确表达需求,因而需求未被满足""无法适应环境改变,且未能正确表达""拒绝改变以及由此而产生的消极情绪等""无法正确拒绝（困难或不喜欢）的任务或活动"等。家长访谈显示，"需求未被满足"（84%），"进入陌生环境，或有陌生的人存在"（68%），成为问题行为的主要诱因。教师访谈则显示，"无法正确表达需求"（86%）成为问题行为的主要诱因。

② 家长与班主任表示生活自理对学生更重要。

家长与班主任都表示，学生生活自理是特殊教育以及学生成长过程中极为重要的一部分，尤其是低年级学生。95.8%的家长对于"生活自理对于学生成长很重要"表示"非常认同"，班主任则全部表示"非常认同"；有93.3%的家长将"生活自理"排在他们期望看到学生获得的能力的首位，然而现实中，仅有16.6%的家长表示孩子能够半独立生活，而表示孩子能够独立生活的仅有7.5%。在低年级段，所有教师认为学生在校生活中"如厕""进食"等方面的问题较为严重。

3. 结果与讨论

1）生活自理能力是培智学校学生适应现状的首要问题

培智学校中重度智障学生身心发展迟缓，认知与运动能力显著落后，自然导致其适应困难。密云学校低年级段学生超过半数不具备独立如厕、进食、物品管理等基本自理能力。即使是到了高年级段，学生依然存在学习与生活习惯差，不具备独立休闲能力，课上与课间适应不佳的现状。

2）问题行为严重同样影响学生适应学校获得发展

随着义务教育"零拒绝"政策的全面落实，特殊学校安置的学生一是残障程度越来越严重，二是孤独症的占比越来越高。相当数量的学生，尤其是孤独症学生，重复刻板、感知觉异常，存在严重的情绪行为问题，影响了教育教学活动的有序开展。这也就解释了为什么学校八年级学生在适应能力板块的得分率仅为34%，该班级9名学生中有7名是孤独症。

3）培智学校教室值得研究与创设

教室环境应根据学生情况、切合学校生活提供个性化和有针对性的支持，以帮助学生适应环境。除了课堂学习以外，学生在校发生与参与的活动还有许多。因此，如何针对课上和课下，面向不同教育目标，挖掘环境的教育功能，值得深入研究。

三、构建"新课标"培智学校"3+X"创新教室

(一)"3＋X"创新教室的创设目标

1. 开发"教室"环境,达成课标落地

通过前期研究,我们发现,"新课标"背景下培智学校学生发展核心素养主要体现在"自我管理、乐学善学、劳动意识、珍爱生命、健全人格、社会责任"六个方面。为进一步将"新课标"背景下的整体发展目标转化为校本化学生发展目标,培智学校以分课程单一学科的方式在文本层面明确教学目标与内容,将学生发展目标进行统整,为学校系统性地落实"新课标"归准路线。

与此同时,我们对学生发展现状的调查发现,培智学校学生普遍表现出在学校环境中的适应性问题,且家长与教师对学生获得生活自理能力的期望最高。调查结果同样显示,教室环境作为学生最主要的学校生活场所,学生在教室内发生与参与的学校生活类型多样。相较而言,传统教室环境单一且缺乏教育功能,未能充分满足学生的适应需求。

特殊教育高质量发展要求基层特殊学校持续深化国家课程校本化。课标深化、教材完善、教学创新、学生多样化发展是关键,但教学环境却依旧传统单一。由此,本书研究致力于打破教育空间壁垒,创设"3＋X"创新教室,其原则性目标为:面向学生阶段性发展核心素养,立足学生个性化发展需求,开发"教室"的教育功能,提供基层学校可借鉴、可复制的"新课标"校本化落实策略。

2. 深挖"区域"功能,对焦"学生"发展

从培智学校学生发展核心素养,到"能自理、乐学习、爱生活"校本化三维度发展指标,同时考虑学生发展问题以及在校生活涵盖内容,"3＋X"创新教室首先开设"生活区"与"学习区",其缘由显而易见。另外,"3＋X"创新教室开设"休闲区"专门针对学生的"课后"活动,让学生在课堂以外通过健康休闲,改善情绪问题,获得人际交往(见图2-8)。由此,对标学生核心发展目标,"3＋X"创新教室在实现课标落地的过程中,分别通过"提升生活自理能力""促进学生获得学习"以及"习得健康休闲能力"三个基本途径,开展研究与实践。

1) 聚焦"学校生活",对标"自我管理、劳动意识、珍爱生命"——"能自理"
培智学校学生学习学科知识与技能,其核心目标在于适应社会。"新课标"

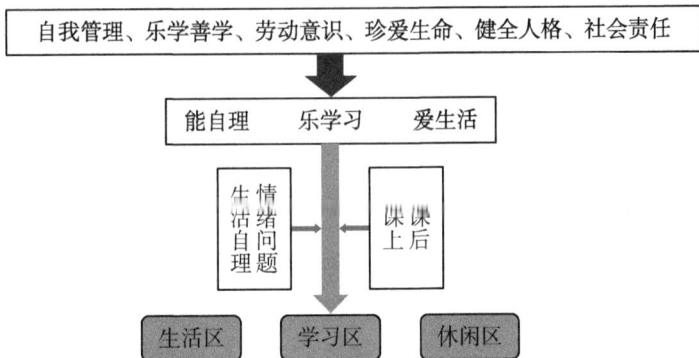

自我管理、乐学善学、劳动意识、珍爱生命、健全人格、社会责任

能自理　　乐学习　　爱生活

生活自理　情绪问题

课上　课后

生活区　　学习区　　休闲区

图2-8　"3＋X"创新教室功能目标形成路径

所有课程都强调了"生活导向"的教育理念与实施策略。从"培智学校学生发展核心素养"中不难发现,提升学生生活适应能力是培智学校实施教育教学的核心目标,也是考量特殊教育成效的重要指标。由此,贴合"新课标"注重生活导向,从"能自理"出发,"3＋X"创新教室需首先为学生适应学校生活提供支持,提升学生的生活能力。

2)聚焦"课堂学习",对标"乐学善学、问题解决"——"乐学习"

特殊教育离不开"个别化","新课标"明确指出关注个体差异,提供多元支持,开展多元评价,让不同个体充分感知、操作、体验与学习。由此,贴合"新课标"提倡个别化教育,从"乐学习"出发,"3＋X"创新教室为课堂教学提供了新策略新模式,促进了课堂教学的有效性。

3)聚焦"课间休闲",对标"珍爱生命、健全人格"——"爱生活"

离开课堂,步入校园,一日生活皆课程。课间休闲是学生养成良好休闲习惯、掌握健康休闲能力的起点。同时,参与适合的休闲活动,与他人友好相处,可明显改善学生问题行为。作为一门选择性课程,"新课标"进一步清晰梳理了"艺术休闲"课程的标准、目标与内容。由此,贴合"新课标",基于学生在校内教室内外所发生的课堂与非课堂的成长行为与情境,"3＋X"创新教室为学生创设了课后休闲区域与活动,以促进学生适应学校生活,改善情绪问题。

与传统"课纲"相比,"新课标"从以往的关注学科知识转变为"育人"视角(见图2-9)。因此,各学科除了强调生活化教学外,还提出了"学习的综合性"。其中,"生活语文"学科清晰梳理了"综合性学习"领域的目标与要求。"新课标"配套的人教版教材"生活语文""生活数学""生活适应"三门学科都以相同主题、平行内容进行编撰。由此可见,"综合学习活动"是在落实"新课标"过程中的重要关注点。十分吻合的是,"3+X"创新教室正是以实际情境、综合主题的方式创设环境与活动。

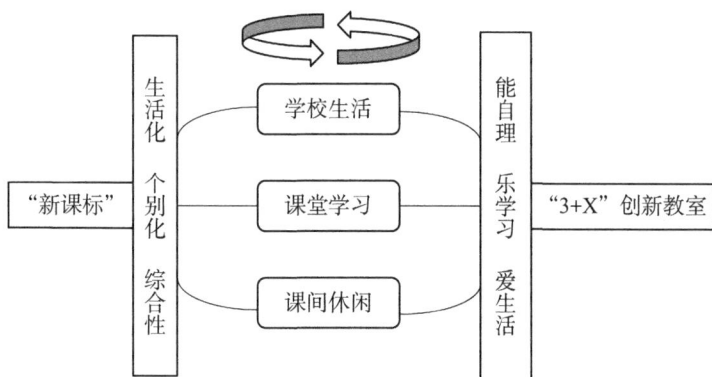

图 2-9 "3+X"创新教室聚焦"新课标"

综上,"3+X"创新教室由"新课标"而来,严格对标"新课标""生活导向、个别化教育、综合性学习"三大目标与原则,聚焦"学校生活、课堂学习、课间休闲",通过达成学校学生"能自理、乐学习、爱生活"的发展目标,实现课标落地。由"传统"教室至"3+X"创新教室,让学校生活、学生发展、课标落地在教室中得以体现和实现。

(二)"3+X"创新教室的要素及构成

"3+X"创新教室顾名思义,首先包含教室环境内的三大区域:"生活区""学习区""休闲区",以及 X 项个性化区域。这三大区域对标课标,聚焦学校生活、指向学生发展,是"3+X"创新教室核心功能区域。在三大区域之外,增加 X 项个性化区域,既考虑特殊学生发展的多样性,也为实际研究与创新实践提供了充分的可能性与开放性。其次,除了物化的环境创设外,教室环境背后还承载着教育活动以及教学资源。最后,在"3+X"创新教室内部包含着最重要的学生与教师。因此,从不同维度解构"3+X"创新教室时,需包含不同的要素及构成。

1. 从区域构成划分"3+X"创新教室

(1)三大核心区域:"3+X"创新教室主要包含"3"大核心功能区域,即"1

个生活区""1个学习区""1个休闲区",以及基于"班级文化""学生个性"增设的"X"项班本化区域。

依据前期研发的培智学校学生阶段性发展核心素养与培养目标,以及培智学校学生发展现状与问题,这三大区域承担着不同的核心功能(见表2-5)。

表2-5 "3+X"创新教室区域核心功能

区域	各年级段目标			核心功能
	低年级段	中年级段	高年级段	
生活区	初步掌握如厕、洗手、饮水、进食等自理能力。尝试表达需求	遵守学校作息,尝试独立或半独立学校生活。表达情绪	力所能及地为他人服务。保持积极情绪	学会基本自我服务能力,尝试独立或半独立生活,能为他人服务。保持积极情绪
休闲区	知道休闲活动的时间与场所,愿意参与休闲活动	休闲中与同学友好相处,不影响他人。体验休闲的快乐	知道自己的兴趣爱好与特长。能与他人分享喜悦	学会正确休闲,拥有个人兴趣爱好,减少问题行为
学习区	遵守基本学习规则,能参与课堂	养成良好学习习惯,对学习有兴趣	积极参与课堂	适应课堂,积极、主动参与学习活动

对应学生阶段性目标,"3+X"创新教室的三大区域功能会随着低、中、高年级段而发生变化。一般而言,低年级着重于"生活区",中年级以"学习区"为主,而高年级则倾向于"休闲区"。

(2)区域内部与区域分割:"3+X"创新教室内各区域应包含内部空间以及划分不同区域的分割物,即"区域内部"与"区域分割"(见表2-6)。

第一,区域内部可以是教室内的立体空间,也可以是墙面、桌面、黑板甚至教师办公桌侧面等平面空间;区域布局可以是连续的整体,也可以在教室内零散分布。当然,区域内部最核心的构成是教育活动的设计与开展,以及贴合活动进行的材料投放与教学具运用。

第二,划分区域的分割物可以是桌子、橱柜等实际物品,也可以是线条、圆点等抽象符号;区域分割可以固定,也可以灵活。

表2-6 区域内部与区域分割的构成和特质

区域 内部	构成与特质					
	空间	可立体 可平面	布局	可整体 可零散	活动	按需设计 合理投放 有效实施
区域分割	分割物	可具体实物 可抽象符号	分割方式		可固定 可灵活	

2. 从创设要素划分"3＋X"创新教室

教室环境的创设与重构,即空间改变仅是重要的成果要素之一,是打造"3＋X"创新教室过程中"看得见的构成"。实际上,在研究过程中,"3＋X"创新教室由谁创设、如何创设、由谁使用、如何使用以及创设结果等关键要素,隐藏在物化成果背后,更体现了研究价值和蕴含的教育理念。

从创设要素来看,"3＋X"创新教室包含创设者要素、受用者要素以及成果要素。

(1)创设者要素:包含创设团队、创设内容以及创设流程。"3＋X"创新教室的创设团队由班主任及学科教师共同参与。创设内容包括从学生现状出发,围绕学生发展目标进行基于学生发展特质的环境重构与活动设计。创设流程包含"前期评估—目标确定—活动设计—环境创设—活动实施—过程性评估"等。

(2)受用者要素:打造与建构"3＋X"创新教室的核心目的一定是面向学生,与此同时也为特殊教育工作者提供教育教学新思路与新策略。因此,"3＋X"创新教室的第一受用者为培智学校一至九年级学生;第二受用者为一线特教教师。

(3)成果要素:通过打造"3＋X"创新教室,我们致力于形成"新课标"课堂教学新策略,提升学生学校适应能力与课堂学习成效。因此,成果包含"3＋X"创新教室、"新课标"教学新策略,以及学生成长与发展(见图2-10)。

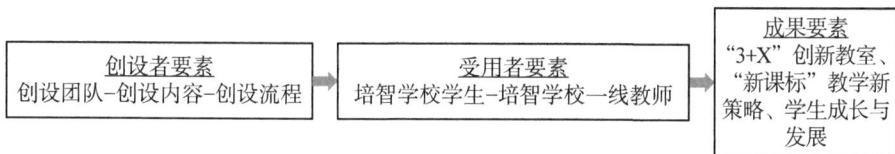

创设者要素
创设团队-创设内容-创设流程 → 受用者要素
培智学校学生-培智学校一线教师 → 成果要素
"3＋X"创新教室、
"新课标"教学新
策略、学生成长与
发展

图2-10 "3＋X"创新教室的创设要素

（三）"3+X"创新教室的创设路径

"3+X"创新教室项目作为市级规划项目的立项时间是 2021 年,但学校自 2016 年起就集中聚焦于国家课标的实践研究,形成了"一生一案"课堂教学模式。2019 年,学校一方面受到芬兰等国外先进特殊教育"儿童友好"环境的启示,另一方面在原有课程改革与课堂创新研究的基础上,发现了"教室环境"对教育的作用机制。最终历经五年的实践与研究,反复"试点—推进—验证—改进—总结"的过程,凝练出"3+X"创新教室的创设原则与路径。

1."3+X"创新教室创设原则

在进行教室环境重构的过程中,我们遵循以下四大原则。

（1）整体规划,分合有序:教室内的"3+X"区域具有各自独立的功能,同时在统一科学的发展目标(整体发展、班级管理、学科学习、行为塑造、习惯养成、奖惩机制)引领下可有机整合。教室与区域如同"拼版",自然分合、无缝衔接。

（2）巧妙灵动,功能多样:教室里划分的区域数量不固定、同一块区域的功能也不固定。依据区域内材料投放、活动开设的不同,可以灵活变化。

（3）尊重差异,个性支持:培智学校学生个体差异显著,本着"满足个性、多样支持"的理念,教室环境创设应将个别化教育康复从课堂延伸至课后。

（4）课标引领,融合实践:遵从有效落实部编课标的核心目标,力求通过智慧的"环境创设",促进学科融合与知识运用。

2."3+X"创新教室的创设路径

从根本上而言,"3+X"创新教室的生成与创设离不开"国家新课标"与"教室内的学生"。在这两大上位概念之下,进而由"新课标"分化而成"人教版教材"和"培智学校学生发展核心素养";由"学生"分化而成"校情""师情"以及"生情"。

前期,学校已经充分地对"新课标"进行研透与深挖,将其转化为学生分阶段的发展目标。因此,在明确发展目标的基础上,后续在创设过程中应充分考虑与学生密切相关的"学校、班级与学生自身情况",从而形成"课标"—"班本"—"生本"—"校本"多通道自由式创设路径。所谓"多通道自由式路径",即指在具体操作过程中根据实际需求,选择最相适应的路径,例如"生本"与"班本"结合,"校本"与"班本"结合,或单独使用"生本"或"班本",这种"一标三本"的创设路径因需而行,灵活多样。

（1）生本:解读学生,"学生所处阶段发展目标—个体首要发展目标—个性化学习特点—日常生活与课堂情境"。

在"课标"与"学校理念"等共性目标的指导下,每个班级的学生发展现状与教育需求各不相同,兴趣与喜好也有所差异。此外,每个班级中也都存在几个有问题行为的学生。因此,班主任与任课教师需要立足课标、学生阶段性发展目标,集中分析学生的发展需求与特点,同时考虑班级情况、课堂教学的具体情境,从个体出发,整体设计并落实至教室环境。

"生本"路径强调的是某个区域的设计及布置,或者区域中的某一部分针对个别学生进行调整。"生本"路径需要对学生进行细致深入的分析与解读,主要集中于学生的首要发展目标和个性化学习特点。

一是考虑学生的首要发展目标,通常包括问题行为的纠正以及低年级基本生活自理行为的养成。例如,吵闹、离开座位等影响与干扰行为,以及低年级学生不认识座位和个人物品,不了解课堂基本规则等基本的适应性问题的解决。

二是考虑学生的个性化学习特点,这通常指学生独特的教育特点与学习喜好。例如,孤独症学生可能以视觉调节教育为主,而有的学生则需要通过实际操作来学习。

（2）班本:规划班级,"班级所处阶段发展目标—班级目标—学生分层目标"。

比较与了解"生本"与"班本",是每位教师、班主任或学科教师把握整体与个体的专业素养。教师创设团队应抱团协作,立足班级整体与个性化发展情况,构思"班本化"教室创设,合理划分教室内学习、生活、休闲及其他各项活动区域,指向班级整体目标,为学生提供个性化支持,充分体现各班级教室环境创设及其教育功能。

了解班级学生的发展现状与问题,明确学生的需求与喜好,从而在此基础上制定班级管理目标与教育教学目标,规划与设计教室各区域及相应的教育活动。在"班本化"创新教室中,主要解决的问题包括:①区域选择:创设哪些区域,各区域占比如何? ②区域划分:如何巧妙分割区域? ③区域设计:区域布置、活动设计,材料投放等。④区域实施:区域是开放式还是封闭式? 区域活动实施时间如何规划? 教师是否指导? 活动注意事项有哪些? 活动评价有哪些?

（3）校本:承载课程,"学校整体课程目标—阶段性发展目标"。

"国家课程—校本理念—课程实施—校园环境"构成了学校办学理念与课

程实施的一脉相承的落实与教育主线。因此,教室环境同样应反映出这一"物化"学校课程的特征,一是环境打造,二是硬件配置。

以密云学校为例,第一,在"三维度三梯度"学生发展核心素养与阶段性发展目标的导向下,学校将现有课程理念与架构进一步结合"能自理、乐学习、爱生活"的核心育人目标,凝练提升成"萌芽绿(first)、自立黄(self-support)、悦享粉(enjoyful)、未来蓝(future)"的"多彩-行云"课程。这一课程由同育人目标,统整设置不同的课程板块,同时纵向体现学生从初入校园的小萌芽到离开校园面向未来的成长与发展阶段,循序渐进,厚积薄发,实现学生在生活、学习和社会中的全面成长。

"萌芽绿":康复与适应性课程,突出感知觉训练、感觉统合训练等康复个训与入学适应的有机整合,为学生建立良好的行为习惯、适应学校生活奠定基础。

"自立黄":一般性课程旨在帮助学生掌握基本的生活自理能力,并具备基础的文化科学知识。

"悦享粉":学校特色心理健康、科技等一系列校本课程,旨在开阔学生视野,帮助他们塑造良好的品行,拥有健全和独立的人格。

"未来蓝":涵盖学生社团、实践活动及各类职业转衔活动,旨在帮助学生"以小我融入大我",为未来的职业选择和独立生活做好准备。

第二,学校形成"密云十个好"行为规范课程体系,包括"守时好""穿戴好""行礼好""两操好""友爱好""读写好""走路好""吃饭好""卫生好""劳动好"等。因此,学校打造主题式教室墙面,以营造适合学生特点,活泼鲜明的校园文化。

同时,依据中重度智障学生的学习与生活特点,以及教室环境改造需求,学校由"试点班级"扩展至全面覆盖,逐步配置先进的教育教学设备与辅具。学校先后通过两轮教室环境打造行动,完成"3增添、2更换",将办学理念融入学校环境,为"3+X"创新教室铺上"校本底色"。

"3增添":每间教室增添了一整面"密云十个好"主题墙,使学校行规教育"上墙"。同时,每间教室增设了可移动、可任意拼搭收纳柜,既可收纳又可用于隔断。此外,每间教室门上增添"每日心情签到卡"。所有教室均添置了希沃电脑。

"2更换":将原来教室后方传统的黑板报更换为"收纳展示"一体的展示

柜。同时,根据特殊学生的身高特点更换课桌椅,并将传统固定式讲台更换为可移动讲台。

当然,在"校本底色"之上,不同班级、不同课堂由于特殊学生巨大的个体差异,其发展与教育目标各不相同。因此,除了校本途径之外,一线班主任与任课教师通常更会"立足生本与班本"打造与布置环境,创设与开展相应的活动。

(四)"3＋X"创新教室的区域样本

本节指向课标与学生发展,基于学校的发展经验与现状,从"3＋X"创新教室内涵、功能、构成以及创设路径等出发,研究形成三大区域的多项"区域活动样本",为"3＋X"创新教室的实施与具体运用提供借鉴。

生活区(见表2－7):心情签到牌、书包水杯角(架)、个人物品箱(柜)、卫生值日角、一日活动表(课表)等;学习区(见表2－8):座位安排、板书架等;休闲区(见表2－9):游戏角、阅读角、安静椅、小帐篷、音乐角等。

表2－7 "3＋X"创新教室之生活区

活动区角		课程标准
"心情"签到牌		生活适应 低:1. 有交往意愿 2. 认识班级同学、记住名字,能分辨同学性别。愿意和老师、同学交往,会使用礼貌用语 3. 了解学校一日安排 中:1. 学习表达自己的情绪情感 2. 遵守学校作息时间
卫生值日角		生活适应 低:1. 学会洗手 2. 不乱扔垃圾 中:1. 初步养成良好的个人卫生习惯 2. 了解常见疾病的简单知识 3. 学习预防常见疾病的简单措施 劳动技能 低:打扫教室 中:清扫教室

(续表)

活动区角		课程标准
个人物品柜		生活适应 低:认识和爱护自己的学习用品 中:养成健康的饮食习惯(喝水)
一日活动表		生活适应 低:了解学校一日安排,愿意参与学校活动 中:遵守学校作息时间,养成良好学习习惯

表2-8 "3+X"创新教室之学习区

活动区角		课程标准
座位安排		1. 遵守课堂秩序,上课时保持安静,坐姿端正 2. 上课时行为适当,不乱动,不干扰他人,听从教师指令 3. 积极参与课堂互动
互动式板书		1. 坚持生活导向,重视生活实践,实施综合学习活动 2. 尊重个体差异,依照学生发展,实施支持性策略 3. 采取多种形式,注重实践与操作

表2-9 "3+X"创新教室之休闲区

活动区角		课程标准	情绪行为问题
阅读角		艺术休闲 1. 能区分学习和休闲活动,知道休闲时段和场所 2. 知道自己喜欢的休闲活动 3. 愿意参加不同的休闲活动 4. 在休闲过程中,正确表达与选择自己的喜好与意愿 5. 遵守休闲规则,与同伴友好相处	通过正确的休闲活动管理与矫正情绪行为问题
小帐篷			
游戏角			

四、"3+X"创新教室运用至学校生活的实践研究

(一)"生活区"在学校生活中运用的实例与分析

"生活区",顾名思义,针对的是学生生活自理能力的培养。依据培智学校学生发展核心素养,"自我管理、珍爱生命"是学生最为关键的品格与能力。进一步对标"三维度三梯度"学生发展阶段性目标,"能自理"在"三维度"中既是基础性也是关键性的核心素养,"能自理"为学生更好地参与"乐学习"、融入社会"爱生活"奠定了基础。

就"生活区"的核心功能而言,主要涵盖自我服务能力、基本家务劳动能力以及情绪管理能力。其中,自我服务与情绪管理尤为重要。

就"生活区"对不同年级段学生的重要程度而言,低年级学生刚进入学校与课堂环境,是其学会自我服务技能与知识的关键时期,因此,相对而言,"生活区"在低年级段尤为重要。

1. 认识教室里不同的"人、事、物"

对于低年级段学生而言,认识教室、老师和同学,熟悉学校环境,了解教室里不同的"人、事、物"是其适应学习生活的第一步。然而,中重度智力障碍学生在认知与记忆能力上相对较弱,对事物的分辨能力和匹配能力也较差,这造成其认识与适应环境进展缓慢。此外,对于环境的陌生感会使得学生产生焦虑与不安感。由此,在低年级段教室的"生活区"内,设置多样化的标签与视觉提示,可以为学生熟悉与认识教室环境提供有效支持。

(1) 用"个性化名片"认识教室里的"我"与"我的物品"。

与传统的"名片"不同,"3＋X"创新教室中的"个性化名片"不是向他人介绍自己的身份,而是以学生能够理解的方式,促进学生找到教室里的"自己"以及"自己的物品"。简单而言,"个性化名片"的目的并不是自我介绍,而是用于"认识自己"。

"个性化名片"制作简单、成本低且使用非常方便。通常情况下,低年级学生识字量极少,"个性化名片"以照片、图片为主、文字为辅的方式呈现。而照片或图片的选择,即是教师通过"生本"途径,清晰评估与了解学生的喜好与图片识别能力的过程。在"3＋X"创新教室中,使用频率较高的个性化名片包括学生照片、学生喜好的事物,如玩具、食物等。

个性化名片贴合学生喜好,易于被感知;符合学生认知,易于被记忆。因此,学生能够较快熟悉与掌握个性化名片的使用。一般情况下,我们无需专门教授学生认识与使用"个性化名片",而是在日常生活中,结合具体情境与实际需求,让学生在真实使用中自然习得与掌握,反复强化与巩固。

这里举一位三年级班主任利用"个性化名片"落实班级管理的案例。这个班级的学生已具备一定整理物品的技能与方法,但缺乏主动整理的意识。因此,班级里总是出现水杯乱摆放和拿错他人水杯的情况。这不但导致教室环境杂乱,而且饮用他人水杯也相当不卫生,对学生健康不利。起初,班主任会立即提醒学生或教师自己整理水杯架,经提醒后,学生能整理好水杯。可过了一会儿,又会错放。

次数多了,班主任逐渐意识到这种方法在短期内简单有效,但从长远来看,不能从根本上提升学生的劳动能力与生活适应能力,无益于学生发展。因此,班主任与"生活适应""劳动技能""生活语文""绘画与手工"学科的教师组成"3+X"创新教室创设团队,共同思考在个性化名片上做文章,让"环境"变成最有效的指令,从而促使学生主动整理。

依据"班本-生本"的创设路径,首先在"班本"层面,面向"物品管理"的核心目标,了解到班级多名孤独症学生具有突出的重复刻板行为特性;其次,至"生本"层面,创设团队仔细评估每位学生的喜好与认知水平,制作个性化名片,并将其与学生水杯一一对应放置。最后,在这个过程中"个性化名片"就代表了"我的水杯"。

教师操作示范后,学生基本知晓了水杯摆放的要求。实践一段时间后,大部分学生每天能够做到管理好自己的物品。教师叮嘱提醒的声音变少了。渐渐地,同学之间开始互相监督,这时,你就会听到这样的对话——小A:这是谁的水杯呀? 怎么放到我这儿来啦? 小B:×××,你的水杯放错啦! 慢慢地,这样的声音也少了,水杯架变整齐了。

个性化名片是学生熟悉教室、管理个人物品的好助手,教室里这样的"我的"可以有许多(见图2-11)。当然,在实践过程中,学生总要经历从不适应、不自觉到逐渐养成习惯的过程。尤其对于孤独症学生而言,用他们熟悉和喜欢的方式制作个性化名片,借助其特殊行为习惯实施管理,能够起到事半功倍的效果,也体现了教师的智慧。甚至在有的班级中,孤独症学生可以成为"物品管理员",他们会"刻板"而准确地完成好整理任务。

图2-11　教室里的"我的水杯""我的书包"

（2）小小"签到牌"里的仪式感与行为习惯。

"心情签到牌"是学校从"校本"路径统一研发的"生活区"活动。学生通过移动属于自己的"小云朵"至"绿色"（积极情绪，高兴）、"黄色"（一般心情）、"红色"（消极情绪，生气、难过）"来完成上学签到，同时表达自身的情绪状态。放学时，学生再将自己照片移动至起始处，表示离开教室。第二天，他们会再由起始处移动云朵进行签到打卡（见图2-12）。

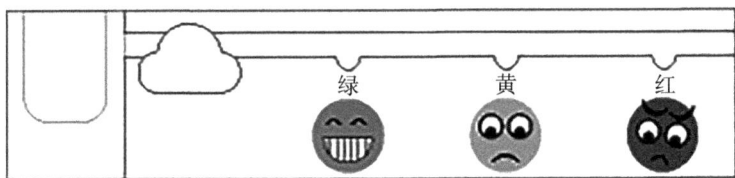

图2-12　心情签到牌

小小的"签到"行为为学生上学增添了仪式感，而在仪式感与"签到"行为背后，由浅至深，由行为层面至心理层面包含着认识自己、认识同学、礼貌待人、养成按时上学不迟到的技能与习惯，以及认识与表达情绪等自我认知与适应能力。经过深入实践，"3+X"创新教室里的"心情签到牌"面向不同年级段形成了"HI-MY"心情签到课程（见图2-13）。

"HI-MY"中的"MY"首先是学校名称"密云"两字拼音的首字母，"HI-MY"就如同学生每日进入校园时向"学校问好"。其次，"MY"在英语中意为"我的"，因此在其后我们可以添加"同学、老师、阿姨、保安叔叔"等，当学生进入校园或教室时，会向"学校里的人问好"。再次，"MY"还可以看作"我的好心情"，这体现了"心情"签到在签到这个行为背后，能够表达情绪、保持积极情绪。最后，面向学校"能自理、乐学习、爱生活"九字核心素养中的"准时"，"HI-MY"期望学生不仅能准时到校，还能逐步迈向"快乐学习"。

由此，"HI-MY"心情签到课程主要包含"入学—问好—备学—悦心"四个阶梯上升式课程板块，贴合"能自理—乐学习—爱生活"三个维度的学生发展目标。在签到、问好、上课等行为背后，帮助学生养成准时到校、有序上课、快乐学习的良好习惯。

2. 了解学校里的基本生活活动

除了教室里的人与物，学生还需要了解并适应学校里最基本的日常生活，

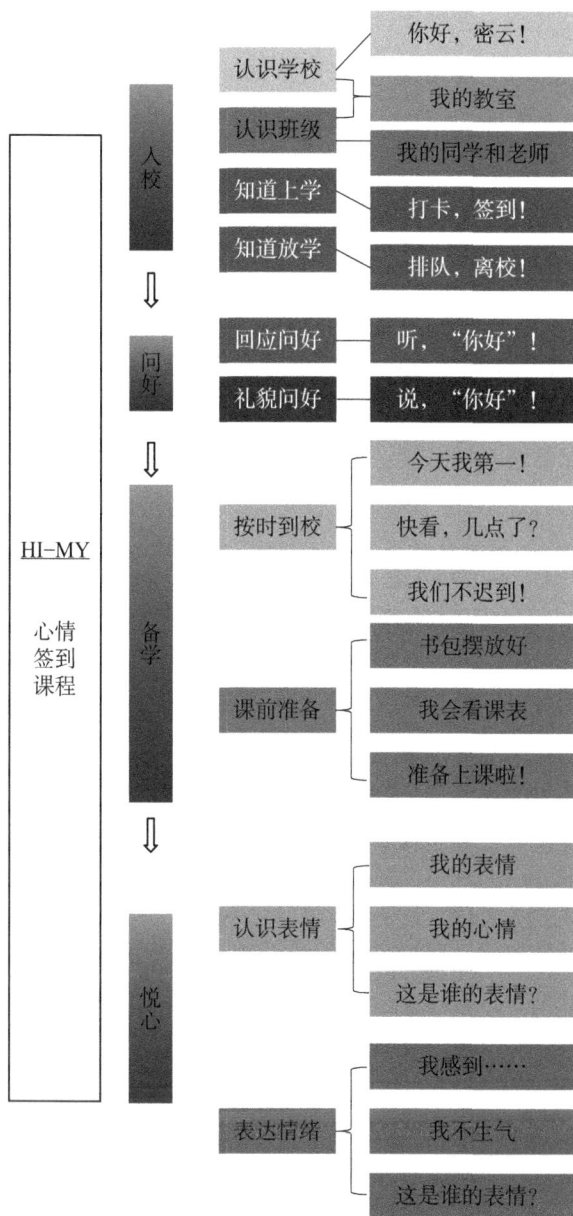

图 2-13　"HI-MY"心情签到课程架构

其中主要包括午餐(进食)、如厕(课间)、饮水、洗手等。简单而言,学生不仅需要认识自己的水杯,更重要的是要知道课间喝水,养成健康饮水的好习惯。另外,学生还需要养成正确的用餐习惯,能够整理自己的餐具,并在饭前便后养成洗手的好习惯。

例如,午间出现的"午餐桌"和课间出现的"饮水区"。

在研究开展过程中,也有老师曾提出这样的想法:"吃饭、喝水、上厕所这些是不用教的,即便什么都不做,学生总能学会。极弱的学生可以通过他人帮助(喂食)的方式完成进食。"随着对"新课标"的理解不断深入,教师开始转换育人理念。当我们梳理形成学生核心发展素养以及学校"三维度三梯度"的新发展目标时,教师的观点会发生根本性的转变。培智学校学生同样应该获得有品质的生活,在获得有效的支持后,他们能够独立或半独立地生活。

因此,有些低年级学生进食能力弱、习惯差,教师会从"班本"路径出发,在午餐时将几张课桌移动至教室一边,形成"午餐桌",标记出餐垫的位置,学生依照提示放置自己的餐垫,并在餐垫上放餐盒,用餐时出示"用餐要求"。

同样,教师可以在课间通过电脑屏幕展示"饮水记录与提示",提醒学生课间喝水,并让每个学生了解自己已经喝了多少水,从而让他们意识到多喝水有益健康。

在这里,"午餐桌"与"饮水区"都不是固定的,正如前文所述,"3+X"创新教室的区域划分与构成都不固定。课堂上的课桌在午餐时可以转变成"午餐桌",此时学习区变为生活区;同样,"饮水区"并不是一直"显性"存在于教室内,其仅在课间生活区的活动中才会出现。

3. 从自我服务到服务他人

从低年级段迈向中、高年级段,生活与劳动技能不断提升,班级中能力较好的学生基本能够满足日常用餐、如厕等基本的生活需求。对标"三维度三梯度"学生阶段性发展目标,中年级段学生应尝试独立或半独立的生活自理,逐步为融入社会做准备,学习为他人服务,学做简单家务劳动,并参与班级打扫卫生。因此,低年级段"生活区"的核心目标是促进学生熟悉教室,而中年级段"生活区"的核心目标则在于促进学生参与活动。

(1)用"可视化班规"建立班级生活守则。

遵守学校生活秩序,遵守课堂学习规则,是学生形成规则意识,融入社会,与他人相处与合作的必要能力之一。由此,从学校至班级,由课堂至课后,"班规"成为班级管理中一个不陌生的概念与管理途径。然而,面对培智学校中重度智力障碍学生,他们的语言理解,尤其是文字理解能力较弱,因此,抽象或仅以文字形式呈现的"班规",学生较难理解与遵守。因此,在"3+X"创新教室中,创设团队共同思考如何让"班规"在教室看得见,读得懂。

例如,在学校一个六年级班级,创设团队依照"校本—班本—生本"的实施路径,从"新课标"出发,依据《中小学生守则(新版)》,围绕学校"密云十个好"中的部分行为规范内容,综合考虑本班级内学生差异显著的认知与学习特点、适应能力现状以及不同的喜好与兴趣,为学生定制了"班规"。具体如下:

准时到校"守时好",一日活动我知道;

干净整洁"卫生好",个人物品会管理;

上课认真"学习好",书写朗读要用心;

文明礼貌"友爱好",课间休闲守规则;

积极乐观"心情好",争做情绪小主人。

在设计与构思"班规"的过程中,教师前期充分评估班情、制订班级管理方案,从而形成"班规"内容。在表述与呈现"班规"时,教师一方面以儿歌的形式进行表述,使其易于记忆与朗朗上口;另一方面,在教室环境中以各种可视化的形式进行呈现。有序分布在教室里的"心情签到牌""个性化名片""今天星期几""书包水杯架"等,成为教师呈现与落实"班规"的生活区创设与活动。

(2)在"小小岗位"中获得劳动能力与集体荣誉感。

由低年级段步入中年级段,学生已能更好地融入班集体生活。在这个过程中,学生与班级同学逐渐熟悉,教师应有意识地培养学生的班级主人翁精神和集体荣誉感,让学生能够主动为班集体争光,为班级与他人服务,同时提升他们自身的劳动能力和问题解决能力。

例如,在小升初阶段,普校会有随班就读的学生选择进入学校继续完成初中阶段学习。由此,学校六年级班级中会有部分曾在普校学习且各方面能力较强的学生。

由此,班主任通过"生本—班本"路径,全面了解每位学生的兴趣爱好与特长,心理与性格特点,面向学生年级段发展目标,形成"一人一岗"的总体目标:

① 能完成打扫、清洁、整理等教室卫生劳动。

② 能与他人友好合作,恰当地处理劳动过程中遇到的问题。

③ 养成良好的劳动习惯,积极参与劳动,认真负责,形成遵守纪律、团结协作、勤俭节约、爱护公物、珍惜劳动成果等劳动品质,以及具备为他人、为集体、

为社区服务的劳动意识。

依据学生特点与喜好,设计如"绿色小园丁、餐后勤务兵、课表小书匠、节能小管家、墨香守护者"等小岗位,每人一岗、每日一评,充分锻炼学生种植、打扫等劳动能力,并在自评互评中培养责任心和热爱班集体等荣誉感。

(二)"学习区"在学校生活中运用的实例与分析

学生步入学校,首要任务之一是学习,因此包括课堂学习在内的集体学习活动是学生在校生活的核心内容。"学习区"的打造对于学生个体而言,应促进其融入课堂、形成良好的学习习惯;对于课堂本身而言,则是提高教学质量,提升教学成效,促进"新课标""新教材"落地。在这里,"学习区"运用至学校生活,更侧重于学生日常学习品质与能力的提升,而课堂教学的具体实施与研究将在下一部分——"3+X"创新教室落实至课堂教学中着重展开并详细讲述。

1. 专业"座椅"促进学生进入课堂

常规座椅:中重度智力障碍学生无论是生理与心理成长都显著缓慢于正常学生,同时随着年龄增长,这些特殊儿童的肢体成长并不必然出现。因此,在中、高年级段教室就会出现,生长发育较好的学生身高与体重明显增长,而生长发育较缓慢的学生体格大小与低年级段几乎无差。为贴合学生的肢体生长特点,我们教室里的常规桌椅(见图 2-14)可调节高低。其色彩设计从低年级至高年级分别为浅绿、深绿、浅蓝、深蓝,颜色鲜艳活泼,而不过分饱和刺激。

特需座椅:培智学校中重度智力障碍学生除了单纯性智障以外,还包括孤独症、脑瘫以及多重障碍等。近年来,随着孕检的普及,唐氏综合征儿童在学校的占比下降,而脑瘫儿童依旧是除孤独症、单纯智障以外数量较多的一类学生。脑瘫儿童肢体发育落后,日常完成站、坐、走等动作都需要外力支持,因此,要为这类学生提供专门的脑瘫椅(见图 2-15)。相比于常规座椅,脑瘫椅更加结实稳定,通过束缚带的固定,对学生有着更强的支撑作用,能帮助他们更好地保持坐姿进行学习。软边的设计一方面为学生提供保护,防止撞伤;另一方面,在触感上也能给予他们安全感。

矫正座椅:以孤独症患儿为代表的特殊学生由于感知觉异常,常常会出现多动异常等问题行为,如在课堂上频繁离开座位或摇晃座椅。由此,"3+X"

图 2-14　学校常规桌椅

图 2-15　特需座椅——脑瘫椅

创新教室会在学习区内提供"鲸鱼椅"(见图 2-16)和"无椅背座椅"(见图 2-17)。"鲸鱼椅"适用于低年级段学生,帮助他们适应教室环境,促其逐步安坐于课堂;"无椅背座位"则专为那些有摇晃座椅等问题行为的学生设计,通过矫正训练,帮助他们逐步转换和适应常规座椅。

图 2-16　鲸　鱼　椅

图 2-17　无椅背座椅

2. 巧设"安全区"有效减少课堂干扰

学生问题行为始终是干扰课堂教学有序进行的主要原因之一,尤其随着培智学校孤独症学生比例日益增加,学生哭闹、离开座位,甚至攻击他人的情况时常发生,为教师管理课堂增添了许多困难。许多时候,教师用言语下达指令,成效甚微。因此,针对此类问题行为严重的班级,教师需从"生本-班本"路径出发,先分析个别存在严重问题行为的学生具体情况,再从班集体出发,创设学习"安全区",以阻隔"问题学生"的影响。

一般而言,可行的方式是借助组合柜作物理隔断,将具有攻击行为的学生与其他学生有效隔离开来,互相之间保持安全距离,以保障课堂教学与班级活动的有序开展。同时,对具有攻击性的学生进行及时干预,在其情绪稳定后再撤除隔离。

实际上,物理隔断并不代表完全阻断,在保障学生安全距离的同时,仍需确保学生之间融洽、愉悦的学习氛围,让师生之间、生生之间能够正常互动,有序交互。

3. "一日活动提示卡"提升学习自主性

学生了解学校学习和生活的安排是开展教学活动的基础。"生活适应"课程中就明确提出,低年级段学生应"了解学校一日安排,愿意参与学校活动"。从"能自理、乐学习"出发,遵守学校生活秩序是乐于学习、善于学习的起点。学校"密云十个好"行规中的"守时好"要求学生做到:按时上课不迟到,有事请假要记牢,珍惜时间不拖拉,守时诚信很重要。

然而,培智学校低年级段学生基本呈现出认知能力弱、适应能力差的特点,多数学生根本无法在最初的一年里形成学习规范,学校一日活动都需要教师不断提示,才能够参与。由此,教师依照"校本—班本—生本"创设路径,从"整体发展目标"出发,依照班级情况,针对个体"守时好"的发展情况以及认读课表的能力,设计制作了"一日活动提示卡"。

例如,二年级的一位转学生,在刚转入学校时,无法较好地适应学校的作息安排,常常反复向老师询问"下一节什么课?"针对这一情况,教师从学生识字量少、对文字理解能力弱的学习基础出发,以图文并茂的形式,制作贴近学生认知水平的"一日活动提示卡"(见图2-18),放置于学生课桌边,方便其阅读与操作。同时,"一日活动"内容不局限于课程,还加入了课间活动、眼保健操、午餐、午休、午会和回家等。每一项活动完成后,让学生用"打钩"的方式进行及时自我评价,使他们对学校的一日活动安排有清晰完整的了解,为他们逐步适应密云生活和自主学习提供支持。

图2-18 "一日活动提示卡"

另外,在中、高年级段学生逐步形成独立或半独立生活能力的过程中,"一日活动提示卡"的内容可进一步从学校生活延伸至家庭生活,提升学生对日常个人生活进行有效规划与安排的能力。有能力的学生还可自主制作自己的"一日活动提示卡"。

(三)"休闲区"在学校生活中运用的实例与分析

学生在校生活除了集体学习与生活自理以外,还有相当一部分时间可自由支配。实际上,不仅在学校内,家庭日常生活中能合理支配自由时间也同样重要。健康休闲、有效放松、愉悦身心,对于个体身心健康十分关键。

相较而言,学生自然偏好"休闲",而不太适应"学习"。因此,有老师会提出"休闲,还需要教吗?"实际上,不会正确"休闲"是一个普遍问题,"休闲教育"即便在普校中也越来越受到重视。

1. 休闲中的问题

对于中重度智力障碍学生而言,"休闲能力"的发展现状与主要问题包括以下四方面。

1)未清晰了解"休闲时间"

在"上课"过程中就想"下课",做与"上课"无关的"休闲活动";不能及时从"下课"调整为"上课"状态,当上课铃声响起时,无法停止正在进行的"休闲活动"。无论是上课时想着休闲,还是无法停止休闲,许多情况下,培智学校学生都容易出现哭闹、发脾气等情绪问题。

2)未清晰知晓"休闲地点"

校内"休闲地点"区别于"学习场所",学生知晓"休闲地点"与了解"休闲时间"有相似的作用与意义。学生只有清晰地区分"休闲"和"学习"的不同场所,才能够在进入学习场所时有意识地保持学习状态。因此,教室里设置"休闲区"能够帮助学生通过地点来划分"上课"和"下课"。长时间久坐于座位,对于培智学校学生,尤其是低年级段学生,很容易产生无聊、急躁等消极情绪。

3)未形成正确的"休闲喜好"

学生如果有健康正确的兴趣喜好,就会知晓休闲时可以做什么,对休闲有期盼,并能通过休闲获得快乐;相反,如果学生没有自己喜欢的休闲活动,在校内的"下课"等自由支配时间就会无所事事,"下课休息"的意义和作用就无法发挥;校外在家庭中,学生如果无法安静或独处,就会增加家长的抚养压力。同时,无论校内外,学生长时间无所事事,容易出现玩弄身体(如口水)、拍打物品、发出噪声等问题行为。

4）未掌握"休闲规则与礼仪"

"休闲活动"是学生与人交往、友好互动的一种有效途径，在游戏过程中，学生可获得友谊。由此，学生需要掌握休闲规则，懂得与人礼貌沟通，合理处理与解决休闲过程中遇到的问题。

2. 休闲问题的解决

1）低年级教室里的大面积"休闲区"

传统教室通常在教室中间放置课桌椅，无明显休闲区域。普通学生能够自主前往教室外或在座位上进行课间休闲。然而，对于培智学校低年级段学生而言，可行的办法是由教师带领进行室外或走廊外的活动。但在传统教室中，学生在课间往往仍然只能坐在"座位"上。

为了更好地让低年级段学生区分"课上"与"课间"，尝试在课间休闲，从而能够愿意课上遵守规则、参与课堂，教师依从"校本-班本"的路径，在"3＋X"创新教室内设置了较大面积的"休闲区"，如地面沙发（见图2-19）、拼接地垫（见图2-20）等。教师引导学生课间进入"休闲区"休息，而当上课铃声响起时，学生需返回学习区，安静坐好。

图2-19　地面沙发

图2-20　拼接地垫

2）个性化休闲活动减少问题行为

培智学校教室内，学生吵闹、喊叫、发脾气、离开座位、攻击性行为等现象频发，尤其随着孤独症学生比例不断上升，班级中经常出现严重的干扰行为。研究显示，特殊儿童由于感知觉异常且表达困难，以孤独症学生为典型，通常容易受环境影响。在陌生环境或环境发生变化时，他们无法正常表达其焦虑或不安感，因而常表现出情绪问题行为。

由此,"3+X"教室期望通过物理环境的创设来改变学生的心理环境。创设团队通过"生本"路径,对具有问题行为的学生进行深入分析与评估,旨在为其创设一个积极有效的情绪稳定与宣泄场所,从而有效改善其问题行为。

例如,小文,六年级(12 岁),IQ<40,孤独症患儿。认知及言语能力较好,课堂参与度低,不听指令;记忆力很好,喜欢不断重复常听到的语言、广告等。此外,小文喜欢涂鸦。

在爷爷突然逝世后,小文开始情绪不稳,会不断重复葬礼当天的言行举止。应激事件伴随着青春期的到来,使得小文的情绪问题愈发严重。他有时会自言自语,有时会抢其他同学的玩具、书本,甚至出现自残(如扇自己耳光、打头)、摔打书本、文具等行为。在上课时,他不听老师的指令,如果被批评,会用手捂住脸,然后扇自己的耳光,继而推桌子,导致班集体教学无法正常进行。同学们对小文也望而却步,不敢也不愿意走近他。

对于这样的紧急情况,班主任与学校心理专职教师立即介入,对其进行干预。由此,通过"生本"路径,基于小文善于并喜欢画画,教师在班级中创设了"涂鸦角"(见图 2-21),意在给小文设置一个适合他的"情绪调节区",一个与班级同学友好互动的"沟通角"。借助绘画活动中无意识的情感抒发,教师希望提高小文的自我认同感,达到缓和与改善其情绪的目的,从而逐步解决小文的情绪问题,实现班集体正常学习活动的开展。

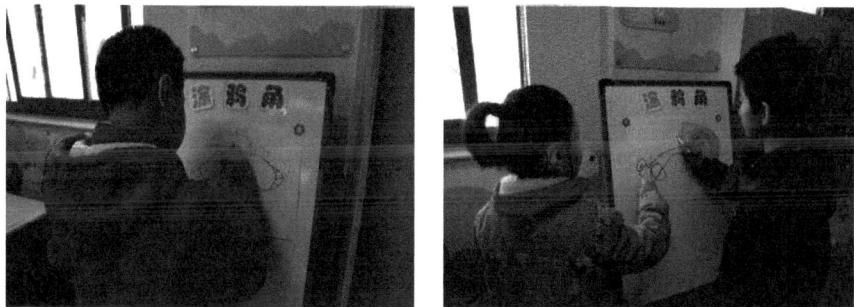

图 2-21 "涂鸦角"活动

3) 多样化休闲区培养学生休闲喜好

培智学校学生大部分缺乏正向的兴趣爱好,或兴趣爱好单一,不懂得合理有益地安排闲暇时间,也较难形成提升生活品质或促进其终身发展的爱好与特长。班级没有合适的休闲娱乐方式让全班学生一起参与,这导致学生之间互动较少,相互交往机会有限。因此,有智慧的教室创设团队能够通过创设适合学生的休闲娱乐环境,提高特殊学生的娱乐休闲能力。

例如,当班主任得知班级学生经常受到唱游与律动老师表扬时,她立刻仔细观察学生,发现他们确实对音乐比较感兴趣,也有比较好的乐感。午休时,他们常常要求听音乐,会主动哼唱歌曲。基于这一发现,班主任和唱游课教师依照"班本"路径,在教室内打造了一个适合班级学生的"音乐角"。教师在"音乐角"里放入学生在唱游课上喜爱的奥尔夫乐器,并为"音乐角"的活动制订了规则。出人意料且令人惊喜的是,很快班级同学组成了自己的小小乐队,有主唱、有负责敲击乐器的同学、有小观众。这样的"音乐角"创设,让大家学会了用正确的休闲方式度过休息时间,培养了文明休息的习惯,同时在休闲中大家也有效放松了情绪。

4) 在休闲活动中形成规则意识

"阅读角"是大多数学校教室中会开辟的一个活动区域。对于培智学校学生而言,开设"阅读角"提升学生阅读能力只是其中较小的一方面,其更重要的意义在于休闲习惯的养成与规则意识的形成。在"阅读角"中,如何进入区域、如何拿取书本、如何阅读、如何归还与爱护书本都有明确的要求和规范。

图 2-22 "阅读角"设定的规则展示板

中重度智障学生的日常阅读习惯较为欠缺,不懂得在阅读时保持安静、不影响他人,经常会出现损坏、丢失书本的情况,不仅如此,班级大部分学生的阅读姿势不佳,总是趴着看书,没有养成正确的用眼习惯。为了帮助学生养成良好的阅读习惯,教师制订了以下阅读规则(见图 2-22):安静阅读,爱惜图书,爱护眼睛,动脑思考,放回原处。同时,在课间阅读的过程中,教师将观察学生"阅读情况",对标"规则"引导学生进行自评与互评。

五、"3+X"创新教室运用至课堂教学的实践研究

(一) 综合视角下的"跨学科联合教研"

1. "新课标新教材":综合视角

在新时代发展学生核心素养的育人导向下,"变革育人方式"持续深入推进,"关注核心素养、注重学科关联、加强课程综合、推进综合学习"成为一系列一以贯之的课程改革与课堂创新要求与路径。在国家课标引领下,实施课程整合、推进以主题教学为主的综合性学习,同样也是培智学校课程本位发展的必由之路。培智课标是一个整体的育人目标体系。培智学校的每一个学生都是义务教育的权利主体,享有平等的受教育权利。"综合"决定了课程的总体走向,"特殊"则需要对个体提供个性化支持。教育部出台的《培智学校义务教育课程标准(2016)》为培智学校开展各学科教育提出了明确标准。一方面,课标确定了义务教育阶段培智学校学生"学什么",另一方面,课标也提出了培智课堂应该"怎么教"——尊重差异,育人为本,关注需求,服务生活。

在课标的引领之下,培智学校义务教育"新课标"为每门课程都明确提出了面向生活、面向实践运用的核心目标。同时,生活语文、生活数学、生活适应三门学科的人教版教材在一至三年级都以学校、个人、家庭、社会为主题,依照学科间平行,年级间螺旋递增的逻辑进行编撰。由"新课标"至"新教材"的转变,明确了"全面育人、综合学习"的课程实施视角。

"新课标"在原先"个别化、生活化"的基础上,进一步强调了"综合性"。为了更好地将课标落地,前期我们深挖其内涵,了解学生发展现状,构建培智学校学生发展核心素养,形成了"能自理、乐学习、爱生活"九字三维度的校本化表达,力求指向学生全面发展,以整体思想系统把握育人目标与教学内容,在"新课标""分科课程"的外在表现下,把握好"新教材"特征,统整各学科内部关系,打破传统的分科教学模式,落实"新课标",上好"新教材"。

2. 新教室新课堂:"跨学科"教研

新时代背景下,培智学校课堂内的学生愈趋呈现出需求多样化特征。然而,传统课堂的时间与空间有限,一节课仅有 35 分钟,老师们绞尽脑汁,希望提升每位学生的有效学习时间,却往往忽略了一个重要突破口:"环境"也可以成

为课堂。

　　"3+X"创新教室的首要目标离不开指向"新课标"的课堂教学实施,即在"学习区"内大做文章,利用新教室打造新课堂,充分进行教学实践研究,探究环境对课堂教学的作用机制。

　　前期,我们已明确"3+X"创新教室的创设者要素包含班主任及各学科教师。当进一步聚焦学科教学与教材使用时,各学科间开始联合创设"课堂环境"、实施"课堂教学","跨学科"教研由此形成。

　　事实上,"跨学科"是"新课标"背景下有效教学的必要途径。普校的"综合主题学习""跨学科学习""项目化学习"等研究已推进数轮。"跨学科"不是教师被动而为之的教学任务,而应该是主动探究教学策略与课堂模式的过程。常规教研活动在广义层面是指以促进学生全面发展和教师专业进步为目的,以教育实施过程中各种教育教学问题为研究对象,以教师为研究主体,开展各层级和各种形式的研究学习活动。在狭义层面上,是指教师以开展课堂教学为目的,抱团备课、磨课、研课而进行的研究活动。

　　当"教研"被加上"跨学科"的前缀,研课成员从"单一学科"扩展为"多学科"教师;研课内容从"单学科教学"扩大为"跨学科活动";教育理念从"学科知识"提升为"学科素养"。简单而言,"跨学科"教研目标是为了打造贴合课标、贴合学生,促进有效学习的课堂教学。

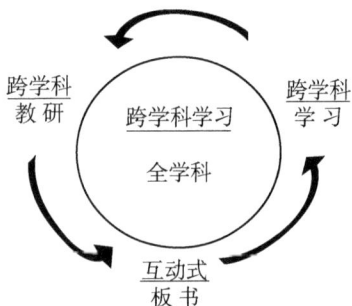

图 2-23　跨学科教研

　　那么,"3+X"创新教室中的"跨学科"教研有何不同?"3+X"创新教室在开展课堂教学研究过程中,以"教室环境"为承接与转换点,通过创建"学习区"内的互动式板书,从而推动"互动式板书"向"跨学科学习"的转变。研究建模初期,由"生活语文""生活数学""生活适应"三门学科形成学科骨干,后期向全学科逐步铺开(见图 2-23)。

　　在核心素养导向下,特殊教育的"跨学科"学习应当"源于课标、基于教材、立于学生、生于实际"。由此,"3+X"创新教室中的"跨学科"教研经历了"碾碎-揉捏"两个研磨过程(见图 2-24),即先将分学科内容碾碎并清晰梳理,再结合学生实际进行揉捏,形成"跨学科主题",设计"跨学科资源",实施"跨学科教学"。

研磨－碾碎	研磨－揉捏
厘清跨学科"目标" 找准分学科"底色"	形成跨学科"主题" 设计跨学科"教学"

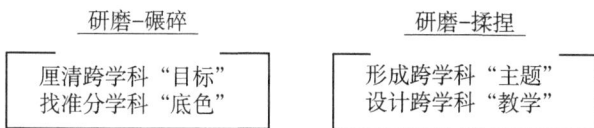

图 2-24　"跨学科"教研核心内容

厘清跨学科"目标",找准分学科"底色"。要求教师站在各自学科立场,梳理教材中的知识点,明确学科教学重难点,找准学科知识与技能背后的关键能力。

形成跨学科"主题",设计跨学科"教学"。要求教师打破学科壁垒,寻找不同教学内容之间的联系,进行横向链接,形成知识网络。同时,面向学生核心素养,结合教材和学生生活实际,采用学生日常生活中的主要场景和任务开展教学。由此整理出单元教学活动列表,并构建综合主题活动单元评价。

前期本书研究所形成的学生发展阶段性目标,促进教师了解学生知识学习的脉络,为"跨学科"教研找准关键能力与适合主题提供架构。

(二) 创设"互动式板书"提升课堂教学有效性

"3＋X"创新教室在学习区内利用可移动陈列架,在课堂"传统板书"以外创设"互动式板书",并在课堂内外固定摆放。"互动式板书"不仅保留"传统板书"呈现课堂教学重难点的功能,还强调以学生易于感知和理解的形式进行有效设计与呈现,让学生在课堂以外仍然可以学习与操作。同时,"互动式板书"作为"跨学科教研"的产物,将各学科内容综合创设并呈现在教室环境中,促进学生将各学科内容有效关联、综合运用。在"视觉提示"策略被广泛认可的背景下,"互动式板书"创设贴合智障学生的认知特点,有利于促进学生感知,延长了学习时间,极具实效性。

1. 互动式板书的概念与功能

1) 互动式板书的概念

所谓"互动式板书",包含三个部分:一是用于承载"板书"的硬件;二是立足课标,基于生情,精心设计、呈现并用于课堂教学的易理解、可操作、可互动的"板书式"学习材料;三是基于"板书"设计并开展的学习与活动。

(1) 硬件设施。

用于呈现"板书"的设施设备应满足陈列版面较大、位置贴合学生身高、材质环保等关键因素。本书研究所选择的可移动书架(见图 2-25)采用环保性木材,安全且不易损坏。该书架整个上方为大面积陈列部分,能呈现较多内容,便于教师围绕教学目标展开设计。下方设有大容量抽屉,可用于教学具收纳。同时,连接抽屉与上方板面有一个宽为 10 cm 的卡槽,可放置实体学习材料。底部配有可移动滑轮,解锁后可移动至教室任意区域,上锁后可安全固定。

图 2-25 可移动书架

在具体的实践应用中,可移动黑板、磁吸白板,甚至教室墙面等都能用来呈现"板书"。学校可根据教室环境特点与教育需求,进行个性化选择。

(2)"板书式"学习材料。

除了选择适合的"硬件设施"以外,更重要的是"互动式板书"所呈现的内容与方式,以及教学实施过程中的应用与评价。

本书研究所强调的"互动式板书"是指在课堂"传统板书"以外,围绕课程标准,立足培智学校"生活语文""生活数学""生活适应"三门学科,基于学生特点与课堂教学需求,设计具有学科综合性,易于学生理解与感知,促进课堂个别化与有效性的"学习材料"。

(3)基于"板书"的学习与活动。

在"板书"内容背后,是承载着教育核心功能的学生学习与活动。课前,"生活语文""生活数学""生活适应"三门学科教师抱团备课,共同设计"互动式板书"的内容与呈现形式;课堂上,"互动式板书"可根据课堂需要应用于各个教学环节;课后,"互动式板书"依旧陈列于教室固定区域,学生在课间休闲时也能够围绕"板书内容"发生学习与游戏行为。

2）互动式板书

（1）传统板书。

培智学校课堂内的"传统板书"与普通学校大致相似,主要使用凝练简洁的文字、图片等符号呈现课堂教学核心知识点,且通常固定于教室前方的黑板上,呈现时间受限于课堂时长。因此,对于特殊学生而言,传统板书呈现形式单一、互动性弱,且内容基本集中于单一学科,缺乏学科综合性。

（2）互动式板书。

与传统板书相比,"互动式板书"具有以下三方面功能与特点。

① 呈现内容具有学科综合性。"新课标"关注学生学科知识在生活中的综合实践运用,配套的"生活语文""生活数学""生活适应"三门学科人教版教材,在低年级段更是以相同主题、平行内容进行编撰。基于这样的课标要求与教材内容,在设计"互动式板书"时,从同一单元同一课题出发,既包含每门学科的核心知识点,又凸显学科融合。"互动式板书"不是单一学科的课堂板书,而是关注学科知识的融合链接与综合应用。

② 呈现形式符合学生特质。在明确"板书内容"后,我们基于学生的感知偏好与认知特质,以活泼有趣、具体简单、可视化、可操作等多样化的形式呈现"板书",促进学生主动学、乐于学、易于学。

③ 呈现时间显著延长。下课后,"传统板书"撤走了,而"互动式板书"依然保留在教室的固定区域。一方面,有趣的"互动式板书"自然吸引学生的注意力,使学习行为主动发生、随时发生;另一方面,课堂上利用"互动式板书"开展教学活动,学生在课间也可自主进行,从而显著延长了学生的学习时间,增加了教育个别化的行为。

2. 互动式板书的制作

1）"跨学科"教研,贯穿教学各环节

从传统板书的"单一学科"内容,到"互动式板书"的"跨学科"综合内容,我们期望实现不同学科的交叉融合,既高度符合"新课标"的教育理念,同时也促进学生有效掌握各学科知识与技能。

由此,"互动式板书"的制作与实施离不开跨学科教师的共同协作。我们建立一支包含"生活语文""生活数学""生活适应"三门学科的跨学科团队,协同合作贯穿"备课磨课、教学实施、课后反思"等各个环节,共同解决"呈现什么(W)"、"如何呈现(H)"以及"如何实施(H)"等核心问题。

2) 立足平行单元,找准跨学科主题

"生活语文""生活数学""生活适应"三门学科配套的人教版教材,在低年级段以相同主题、平行内容进行编撰。基于课标要求与教材内容,我们在设计"互动式板书"时,往往从相似课题和相同主题着手。由此,在实施"互动式板书"的过程中,"生活语文""生活数学""生活适应"三门学科共同推进。目前,我们围绕培智学校一至三年级的三门学科,聚焦"个人生活""家庭生活"两个单元,形成"互动式板书"相关主题(见表2-10)。

表2-10 培智学校一至三年级"互动式板书"主题与对应课文

年级	单元					
	个人生活			家庭生活		
一年级(上)	生活语文	生活数学	生活适应	生活语文	生活数学	生活适应
	《讲卫生》	《讲卫生》	《洗手》《洗脸》	《爸爸妈妈》	《我和爸爸妈妈》	《我和爸爸妈妈》
	主题:讲卫生			主题:爸爸妈妈		
一年级(下)	生活语文	生活数学	生活适应	生活语文	生活数学	生活适应
	《我会吃饭》	《常见的餐具》	《常见的餐具》	《爷爷奶奶》	《我的家人(比高矮)》	《我的家人》
	主题:常见的餐具			主题:爷爷奶奶		
二年级(上)	生活语文	生活数学	生活适应	生活语文	生活数学	生活适应
	《我有一双手》	《整理衣物》	《帽子和手套》	《儿子和女儿》	《友爱大家庭》	《我的大家庭》
	主题:我有一双手			主题:我的大家庭		
二年级(下)	生活语文	生活数学	生活适应	生活语文	生活数学	生活适应
	《身体好》	《我的三餐》	《我的三餐》	《我家真干净》	《爸妈真辛苦》	《家具》
	主题:我的三餐			主题:爸妈真辛苦		
三年级(上)	生活语文	生活数学	生活适应	生活语文	生活数学	生活适应
	《爱护牙齿》	《爱护牙齿》	《刷牙》	《我的奶奶》	《尊老敬老过重阳》	《尊老敬老过重阳》
	主题:爱护牙齿			主题:尊老敬老		

(续表)

年级	单元					
	个人生活			家庭生活		
	生活语文	生活数学	生活适应	生活语文	生活数学	生活适应
三年级(下)	《坐正站直》	《独特的我》	《独特的我》	《存钱罐》	《认识人民币(一)》	《我不乱花钱》
	主题:独特的我			主题:我不乱花钱		

3) 凝练分学科目标,明确板书内容

制作"互动式板书"的首要问题是:围绕同一单元,"生活语文""生活数学""生活适应"三门学科究竟呈现什么? 如何在有限的版面内,让"互动式板书"的内容高度聚焦各学科的核心教学目标?

实际上,各学科目标与内容各不相同,因此,我们需要将"割裂"的分学科目标交叉融汇至一体,使"互动式板书"的内容体现"跨学科综合性"。通过反复实践与研究,我们摸索出"互动式板书"内容归纳的路径与方法,主要包含"确定单元课文—梳理分学科目标—板书内容整合"三个步骤,以下借助一则具体课题进行说明。

培智学校三年级上"个人生活"单元中,生活语文学科第五课为《爱护牙齿》,平行的生活数学学科第三课也为《爱护牙齿》,而生活适应学科第三课为《刷牙》。由此,我们针对该单元这三节课展开抱团备课。三门学科教师梳理各自学科的核心目标,归纳总结出 7 项分学科目标(见图 2-26)。

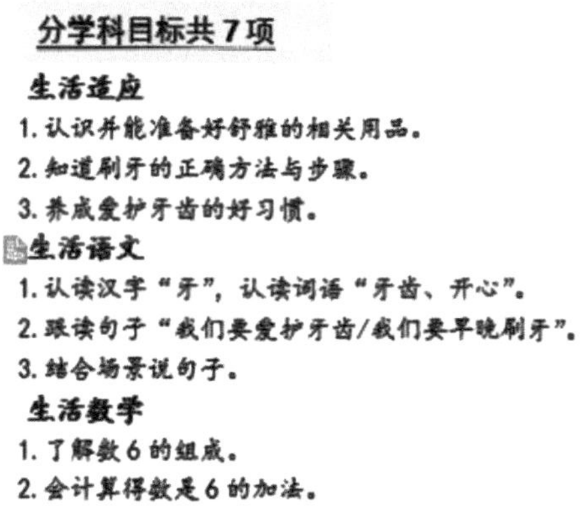

图 2-26 分学科目标

在此基础上,依照生活适应学科决定主题,生活语文保留"字、词、句"内容,生活数学目标通过渗透融入另两门学科中,整合形成本课"互动式板书"的核心内容(见表2-11)。

表2-11 互动式板书内容整合

学期	三年级(上)	单元	个人生活
学科	课题		核心目标
生活适应	刷牙	主题	我会刷牙
生活语文	爱护牙齿	汉字	牙
		词语	牙齿、开心
		句子	我们要爱护牙齿。我们要早晚刷牙
生活数学	爱护牙齿		得数是6的加法

4) 合理丰富形式,设计板书呈现

从内容到呈现,我们需要解决"板书的结构与布局""材料的选择与投放"等关键问题,即如何合理贴合、多样美观地呈现"互动式板书"。

"板书"的主要展示部分在水平方向上可以划分为"上、中、下"三个部分。其中,"中部"可按照比例"1∶2∶1"纵向划分为左、中、右三个部分(见图2-27)。

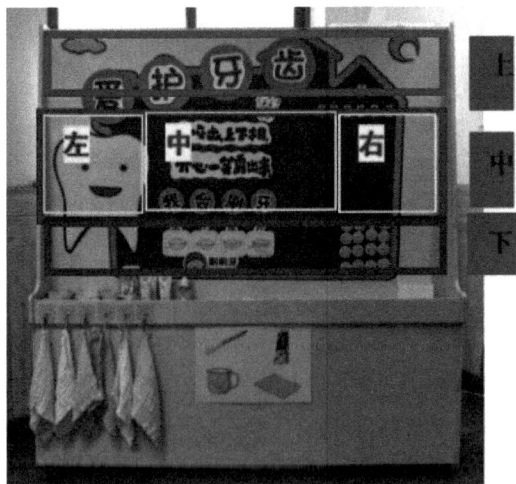

图2-27 板书分布与安排

上部:位置较高,是学生不易触碰的区域,适合呈现标题类的视觉信息,内容需要惹眼醒目,以吸引学生的视觉注意力。

中部:呈现方式一般为两种。第一种为中间部分呈现生活语文学科的字、词、句,左、右两侧可配以主题相关的图片、操作活动、评价等内容。如图2-28所示,中间为文字,左侧为主题相关的可爱"牙齿"图片,右侧为学生评价。第二种为中间部分呈现主题图,同时巧妙地将字、词、句融合进主题图中,左、右两侧配合以操作活动、评价等内容。例如图2-29,中间为课文主题图"乐乐举着一双手",字、词融合在图中,手指上还显示了数字"1～10"。左、右两侧分别为实物手套以及各种衣物图卡。

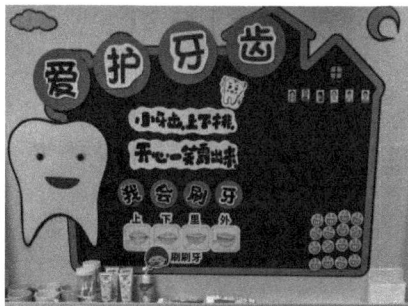

图2-28 样 例 一

图2-29 样 例 二

下部:位置较低,符合学生身高,便于学生操作。因此,我们在下部呈现学生可操作、可感知的"板书"内容。例如,图2-28,我们在下部显示刷牙的正确步骤。

此外,在板书的卡槽处,可以放置各种实物、图卡等学具。例如图2-30中投放了牙刷、牙膏、漱口杯、毛巾等洗漱用品。图2-31中,不同的篮筐内放置了盘子、碗、筷子、勺子等各种餐具。

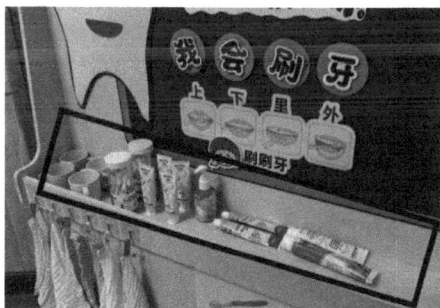

图2-30 样 例 三

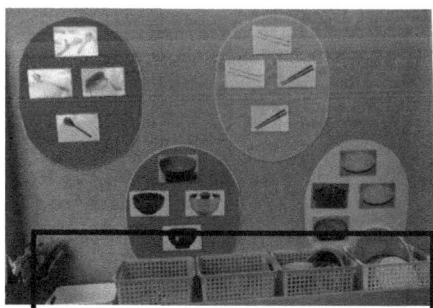

图2-31 样 例 四

一般来说,"互动式板书"应做到图文结合,同时投放允足的配套实物、玩具或自制学具等材料,保证每位学生都能够进行感知与操作,从而获得有效学习。由此,材料的选择与制作,首先应满足"可视化、可操作、个别化"的要求。此外,"互动式板书"由于长时间投放于教室环境中,并允许学生课后自主操作,材料应确保"安全性"。

3. "互动式板书"的实施

1) 课上与课后,渗透"多元化"

互动式板书的前期设计与制作,充分体现了学校将"生活语文""生活数学""生活适应"三门学科融会贯通,跨学科实施的理念,强调学生对学科知识与技能的综合运用。同时,"互动式板书"的实施,则基于全面评估,深入了解学生情况,为具有不同认知与学习特点、表达与沟通水平的学生创设了多元化课堂。

(1) 板书呈现"多元化"。

以培智学校一年级下第二单元"个人生活"为例,在平行单元的教学设计中,生活适应《7. 常见的餐具》、生活语文《5. 我会吃饭》、生活数学《6. 常见的餐具(认识图形)》均基于相似情境展开教学。通过跨学科研讨,单元内容整合如表 2-12 所示。

表 2-12 "常见的餐具"单元内容整合

学期	一年级(下)	单元	个人生活
学科	课题	核心目标	
生活适应	常见的餐具	主题	常见餐具
生活语文	我会吃饭	字	/
		词	碗、勺子、筷子、吃饭
		句	我会用_____吃饭
生活数学	常见的餐具(认识图形)	认识生活中的圆形	

依据各学科课程标准与教材内容,结合《特殊儿童认知能力评估手册》《特殊儿童言语与沟通能力评估手册》以及课程本位评估等工具,分别解析培智学校一年级学生在生活语文、生活数学、生活适应三门学科的学习基础与学习特质。其中,图片认读、口语表达、沟通习惯、识字量等是学生各学科学习都需要的基本素养。此外,各个学科还包含数的概念、手部操作等特定能力。

A 生(相对认知与学习能力较好)

图片认读:能够观察与理解简单图片。

沟通习惯:主动参与课堂,能基本理解简单指令。

识字量:有一定识字量(30~50 个)。

B 生(在少量支持下参与课堂)

图片认读:能在简单提示下认读简单图片;能区分不同颜色。

沟通习惯:对他人叫名有反应,愿意参与课堂。

识字量:认识极个别汉字(10 个)。

C 生(课堂中需要较多支持)

图片认知:能够认知实物类照片或图片;能感知不同颜色。

沟通习惯:无主动沟通意愿。

识字量:对汉字有意识。

基于学科内容,依据学生评估,对板书内容进行调整——

实物照片:除了"碗""勺子""盘子""筷子"等文字以外,投放各种生活中常见餐具的实物照片。

颜色标签:使用粉、绿、蓝、白等不同颜色卡纸制作大面积底色。一方面吸引学生注意,另一方面以颜色作为提示,便于学生区分、认知与记忆。

由此,A 生可直接认知与学习文字类板书;B 生借助实物照片进行学习,C生则在教师的支持下,通过实物照片进行认知。与此同时,不同颜色的底板为B、C 生认知不同餐具提供了附加参照与支持标签。

(2) 个别化活动"多元化"。

以生活适应课"常见的餐具"为例,正确认识与区分生活中常见的餐具是本课的教学重点,学会正确使用勺子是本节课的难点。就"常见餐具"这一主题而言,尽管十分贴近日常生活,孩子们一日三餐都离不开"餐具",然而,他们却不熟悉"筷子、勺子、碗碟"等词语与概念。为了更好地落实教学重点,突破难点,教师设计"碗、筷、盘、勺,分一分""我会用勺子"等活动。A 生可以将文字类卡片摆放入相应色块底板下;B 生在简单提示与支持下,能正确区分四种餐具;C生则在帮助下,能够区分 1~2 种餐具。同样地,A 生会正确摆放和使用勺子;B 生能根据图片提示进行操作,C 生则在辅助下模仿或跟做。

"互动式板书"使得学生在课堂中可同时参与分层次、个别化教学活动。这也就意味着在相同时间内,个别化教学的效率得到了显著提升。

2) 单元视角下,体现"综合性"

(1) 基于综合主题,分课时递进。

平行单元与相同主题,是我们创新与研发"互动式板书"的前提条件与实施基础。因此,基于综合学科和相同主题,"互动式板书"的"内容呈现""材料投放"和"活动实施"应该依据分课时教学目标,层层递进、环环相扣。这节课的"新授或练习",既可以是学生的课后作业或课间练习,同时也可以是上节课的"复习导入"。

这里同样以三年级上"我会刷牙"为例,在具体应用过程中,生活语文学科的字、词、句随着课时的递进逐步呈现。在生活适应学科中,第一课时投放"刷牙用具";第二课时呈现"刷牙步骤";第三课时呈现"刷牙的情景",并相应开展"常见的刷牙用具""我会刷牙""刷牙小能手"等活动。生活数学学科则利用刷牙用具学习和练习"得数是 6 的加法"(见图 2-32)。

第一课时 第二课时 第三课时

图 2-32 "我会刷牙"互动式板书分课时内容与呈现

又如,培智学校二年级上"个人生活"单元,生活适应学科第 6 课为《帽子和手套》、生活语文学科第 6 课为《我有一双手》、生活数学第 5 课为《整理衣物》。由此,通过生活适应学科,我们确定并设计了主题为"我会戴手套"的互动式板书。在具体的应用过程中,生活语文学科的字、词、句随着课时的递进逐步呈现;生活适应学科则依照第一课时"投放少量手套"、第二课时"呈现戴手套的步骤"、第三课时"投放多副手套"的方式运用"互动式板书",并开展"常见的手套""我会戴手套""手套来配对"等游戏活动;而生活数学学科则利用"手套"学习比较大小。

(2) 巧妙设计游戏活动,课上课后"融合"。

由于"互动式板书"在课间同样固定呈现在教室内,课间学生可以进入"互动式板书"进行学习、操作与游戏。课堂上的学习活动可以延续到课后的游戏与练习,课堂上学会了正确认读与操作,课后学生可以在教师的指导下进入自主活动。教师同时评估学生的表现,充分体现教学效果,为接下来的课堂教学作铺垫。

"课堂上"的学习活动转化为"课堂后"的游戏活动,顺势成为课后的多样化作业。巧合的是,我们称之为"作业",正好契合了"双减"精神,休闲区的游戏正是符合我们学生特点的个别化、多样化作业。

4."互动式板书"的作用机制

与传统的课堂主板书相比,学习区内的"互动式板书"具有以下四点优势。

一是有效延长教学时间。下课后"传统板书"撤走了,而"互动式板书"依旧摆放于教室固定区域,学生可在课间、午间持续学、反复学,"学习时间"不再局限于 35 分钟的课堂时间。对于特殊儿童,尤其是孤独症与沟通障碍儿童,他们通常存在视觉加工优势,留在教室里的"互动式板书"给予学生充分的视觉提示与刺激,增加有意与无意注意,促进学生的感知体验与主动学习。在日常言语辅导教学之外,通过教室环境内的图片、文字等形式给予学生可视化、个性化支持,促进学生在课上、课后反复巩固加深记忆。

二是有机衔接单元教学。备课与板书设计都立足于单元教学整体规划,板书呈现分课时层层递进、环环相扣。这节课的"新授或练习",既可以作为学生的课后作业或课间练习,同时也成了下节课的"复习导入"。"互动式板书"的研发、制作与实施,将联合教研贯穿在"核心素养解读—单元目标结构—教学设计—课堂教学—课后反思"等各个教学环节。

三是凸显学科融合。"新课标"关注学生学科知识在生活中的综合实践运用,配套的人教版教材"生活语文""生活数学""生活适应"三门学科,在低年级段更是以相同主题、平行内容进行编撰。基于这样的课标要求与教材内容,我们以"互动式板书"为切入点,从单一学科教师,到跨学科团队与综合教研联合体,探究学科融合,综合学习的有效途径。这是"新课标"背景下"课程与学科整合"与"知识经验融合"的充分体现。

四是区域活动实现"个别化"。培智学校课程实施注重"个别化教育"和"生活化教学",倡导让每位学生充分感知、体验与参与。"课标"需要落地,集体课堂已然满足不了特殊学生的个体差异。通过巧妙设计教室里的区域活动,既能满足课堂上的"个别化活动",又能利用课堂外休闲时间将"学习"融入"游戏",让每位学生有充足时间和机会操作学习,充分参与。实际上,区域活动正是在个别化教育理念下产生的一种面向全体学生的高效实施途径。

(三) 培智学校"综合主题活动"的开展与实施

在"3+X"创新教室内,以"跨学科教研"为途径,不同学科教师抱团协作,梳理学科重难点、了解学生的学习特质、架构教学主题、创设"互动式板书"。无论是前期课标与教材梳理、学生评估与解读,还是"互动式板书"的研发,最终目标是实现"综合学习",让学生真正将课堂所学运用至实际生活与情境中。从单元流程出发,"3+X"创新教室内进行的综合主题活动依照"分学科重点—整合主题—目标设定—创设互动式板书—课堂教学实施—课间游戏活动—学科本位评价—综合活动评价"有序开展、有效实施。

1. 综合主题活动的目标设定

在互动式板书的研发过程中,我们已经形成综合学习活动主题(见表 2-10)。在此基础上,我们将活动主题对标"三维度三梯度"学生阶段性发展目标,由此从"学科目标—综合主题—核心素养"方面界定综合学习主题的共性目标(见表 2-13)。

表 2-13 一至三年级综合主题活动及其对应的学生核心素养

年级	学期	主题	核心素养
一年级	上	讲卫生	有主动如厕、洗手的意识
		爸爸妈妈	认识家中父母,能正确称呼,知道父母的职业
	下	常见的餐具	使用与整理学习用品、个人小件生活物品
		爷爷奶奶	认识爷爷奶奶、外公外婆等长辈,能正确称呼
二年级	上	我有一双手	尝试独立、半独立洗手,能用双手操作与完成简单劳动
		我的大家庭	知道父母、长辈都是一家人,进一步了解家庭成员
	下	我的三餐	学会正确饮食,养成健康饮食习惯
		爸爸妈妈真辛苦	知道父母工作辛苦,能主动分担家务
三年级	上	爱护牙齿	尝试独立刷牙,能爱护牙齿
		尊老敬老	初步了解传统节日。尊敬长辈,孝敬父母
	下	独特的我	认识自己,保持正确的站姿坐姿
		我不乱花钱	认识人民币,经历人民币购物。知道零花钱,能节约用钱

在共性目标基础上,教师进一步结合本校学生的实际发展水平与个性化学习特质,进行适当的调整和补充,形成个性化目标。若整体学生学习基础弱于共性目标,则相应降低总目标水平;若整体学生学习基础强于共性目标,教师可以进行目标的拓展与提高。同时,个别化教学目标需要整体考量学生的学习基础与总目标之间的差距,通过增减支持辅助手段、调整目标达成水平等给予支持与辅助。

2. 综合主题活动的具体实施

1) 主题引领,整体化设计

正如前文所述,互动式板书与综合学习活动的前期备课同步进行,换言之,互动式板书属于综合学习的一部分,都是跨学科教研需要完成的任务。由此,互动式板书为多学科所共用,只是在不同学科教学与综合活动中使用方法略有不同。

以一年级下学期"常见的餐具"单元为例,互动式板书中所放置的图卡与实物(见图2-33、图2-34),为生活语文、生活数学、生活适应三门学科所共用。生活语文学科学习中可用作图文配对;生活数学中,学生可借助实物餐具感知与认识圆形;在生活适应学科中,则可利用常见餐具开展分类整理等活动。

图2-33 互动式板书中的图卡

图2-34 互动式板书中的实物

2) 分学科教学,综合活动运用

基于"互动式板书"的环境布置,三门学科教师的课堂引领也至关重要。同一教学具,往往可以完成多个综合活动或游戏,而这些相似但不同的活动或游戏,不管是在规则上,还是目标上,对学生的要求各不相同。因此,即使是班级中能力较强的学生,一般也难以自主完成多层次的综合学习活动,这便需要教师在课堂教学过程中进行示范教学与指导。

在课堂上,教师会借助"学习区"中的教学具有序开展教学活动。学生通过教师的课堂指导与教学,在参与课堂教学活动的同时,也在无形中掌握了这些教学具的不同使用方法。这使得学生在课间的综合学习活动中能够主动参与和互动。

以"常见的餐具"主题单元为例,生活语文教师与生活适应教师同步在各自学科单元的第一课时中利用"互动式板书"展开教学。生活语文课堂上认识字、词,而在生活适应课堂上认识餐具的图片。通过这两门不同学科课堂的结合,学生能够认读餐具的字、词;认识实物餐具及图片;能完成实物指认、图卡指认或字卡配对等任务(见图 2-35、图 2-36)。这些学科基本知识与技能为学生后期参与综合活动以及实际生活运用打下了良好的基础。

图 2-35 互动式板书中的实物指认、图卡
指认

图 2-36 互动式板书中的字卡配对

除了课堂上的分学科操作,我们还依托"互动式板书"创设与实施了同时体现多门学科教育目标的综合学习活动,直指学生核心素养。综合学习活动中的"综合实践"体现的不仅是学科的综合,更是引导学生在实践过程中,学会运用课堂中的学科知识解决生活实际问题,是积累综合活动经验的重要途径。学生通过参与多样的综合学习活动,在活动中实践、在实践中体验、在体验中学习,从而有效提高学生综合运用学科知识解决生活实际问题的能力。

例如"常见的餐具"主题中的"下棋小能手"游戏。其游戏规则具体如下。①学生自主或在他人帮助下掷骰子(1 点~4 点)。②根据骰子的数字,任意拿取相应数量餐具,并说一说餐具的名字和作用(见图 2-37)。③最快到达终点的学生获得胜利,奖励 4 颗爆米花,并用勺子独立吃爆米花(见图 2-38)。

图 2-37　"下棋小能手"游戏

图 2-38　用勺子独立吃爆米花

在游戏背后,"掷骰子(1 点~4 点),并拿取对应数量的餐具",对标生活数学学科中"认识数字 4,理解数字 4 的含义"。"说一说餐具的名字和作用",对标生活语文学科中"结合图片呈现的场景说字词",以及生活适应学科中"认识碗、盘子、勺子、筷子等餐具,知道上述餐具的功能"。最终,"奖励 4 颗爆米花,并用勺子独立吃爆米花"达成了生活适应学科中"掌握勺子的用法,知道进餐时要专心,养成良好用餐习惯"。

3) 自主参与,个别化支持

在充分保障安全的情况下,教室"学习区"内的"互动式板书"长期展示在教室内,板书内容随教学内容进行调整。课上,学生在教师指导下学习并操作;课后,学生在掌握学习与操作方式后可随意去"玩"。教师在课后不做过多干预,目的只在于引导学生进一步尝试与体验,并在必要时为不同学生提供及时支持。

(1) 以生生互动为主,师生互动为辅。

一般而言,在综合学习活动开展初期,大部分学生都需要教师的指导与示范。一两周后,班级中能力较强的学生通常能逐步主动参与,生生互动,相互配合。此时,教师的角色便逐步淡出。不过,对于障碍程度较为严重的学生,还是需要在教师的带领下参与综合学习活动,以确保能够获取较为有效的学习体验与收获。当学生熟悉"互动式板书"后,教师除了为较弱学生提供支持与辅助外,还能够引导能力较强的学生探索更多的"玩法",以提升他们的学习兴趣并拓宽思维。

(2) 以同质分组为先,异质分组为后。

一般来说,教师会先根据班级学生的障碍程度与能力特点,将学生进行同质分组,能力较强的学生普遍分在 A 组;能力一般的学生分在 B 组;能力最弱的学生分在 C 组。针对不同组别的学生,教师会设计不同难度的活动目标与要求,引导能力相近学生之间开展有效互动,从而达成该组别学生的共性活动目标与个别化目标。

在 A 组学生参与活动时,教师会引导学生之间开展思维碰撞和拓展实践,鼓励学生相互合作,自由参与,探索学科知识在实际生活中的更多可能性。而 B 组学生活动时,教师可以将一个活动分解成多个任务,学生根据自己的能力与喜好,选择自己想要完成的任务,并通过组内成员的齐心协力,共同将活动圆满完成。不仅如此,教师还会指导学生进行有效沟通与协调,鼓励学生互换任务,再次完成活动,从而帮助该组学生掌握更为全面的学习内容。C 组学生由于障碍程度最为严重,以往该组学生之间的互动基本为零。因此,该组别学生的生生互动主要体现在对他人的积极反馈与回应上。当组内某位学生完成某一活动时,教师会立即引导其余学生给予积极反馈,如鼓掌、竖大拇指、口头表达"你真棒!"等。在帮助 C 组学生参与综合学习活动的同时,也逐步激发学生与他人的沟通和交往能力。

在综合学习活动中,教师也会重新将 A、B、C 组学生打乱,进行异质分组来参与活动。活动过程中,教师会要求能力较强的学生帮助能力一般或较弱的学生,而能力较弱的学生在同学的引导下,能有效提升活动的参与感和成就感。通过生生合作的方式,学生们共同完成活动任务,并达成各自的个别化活动目标。

3. 综合主题活动的评价方式

单元教学评价是对学生学习成果的衡量,同时也能帮助教师更好地调整单元教学设计。本书研究的单元教学评价方式包括两部分:学科本位的单元评价和跨学科综合主题活动评价。

学科本位单元评价由任课教师在教学中开展,包括课堂学习观察、课后作业、单元练习等,评价主体可以多元化,采取学生自评、教师评价、家长评价等多种方式开展。跨学科综合主题活动评价通过综合活动课开展。本书研究根据主题单元安排,每个主题单元安排一节综合活动课。综合活动课由生活语文、生活适应、生活数学三位教师共同开展。教师在开展综合主题活动课前先进行一次研讨,统一各学科的评价内容及标准,授课时,由三位教师共同带领学生开展综合主题活动,并记录学生的表现。

以三年级下册"我不乱花钱"主题单元为例,"跨学科教研"的第一步是先理清各学科目标(见表 2-14),以此为依据形成主题、梳理各学科教学重难点,为后续"互动式板书"创设以及综合学习活动的开展做铺垫。同时,各学科目标也是后续综合学习活动评价的基准。

表2-14　"我不乱花钱"综合活动分学科目标

学科	教 学 目 标
生活数学	1. 认识1元5元10元,能根据不同面额进行分类 2. 知道1元5元10元的换算,能通过换算完成人民币购物
生活语文	1. 注意倾听教师的教学语言和指令,听词语找出目标图片 2. 认读"在""钱"跟读词语"爸爸""存钱罐""零花钱",理解词语的含义 3. 正确使用人称代词,结合场景说句子"我把(　　)元人民币放进了(　　)存钱罐中" 4. 培养节约用钱的好习惯
生活适应	1. 认识不同面额、不同材质的人民币 2. 了解人民币的主要用途 3. 爱护人民币,会保管自己的钱

确定评价的总目标后(见表2-14),教师通过研讨确定活动形式,并将目标细化至各个活动(见表2-15)。

表2-15　"我不乱花钱"综合学习活动及评价目标

活动内容	学生活动	评价目标		
		生活数学	生活语文	生活适应
整理钱包	学生将人民币学具根据不同面值,送到不同的钱包中,并练习句式"我把(　　)元人民币放进了(　　)钱包中"	认识1元、5元、10元,能根据不同面额进行分类	正确使用人称代词,结合场景说句子"我把(　　)元人民币放进了(　　)存钱罐中"	认识不同面额、不同材质的人民币
小飞侠百货店	不同学生分别扮演营业员和顾客,顾客选择自己喜欢的商品,根据商品价格付钱,如果还有余钱可以继续购物。营业员负责收钱,确认商品价格和顾客支付金额一致	1. 认识1元、5元、10元,能根据不同面额进行分类 2. 知道1元、5元、10元的换算,能通过换算完成人民币购物	培养节约用钱的好习惯	1. 认识不同面额、不同材质的人民币 2. 了解人民币的主要用途 3. 爱护人民币,会保管自己的钱

（续表）

活动内容	学生活动	评价目标		
		生活数学	生活语文	生活适应
趣味游戏棋	学生合作下棋,根据2个骰子差的步数行进(大数减小数,能力弱可以借助计算器),走完棋后选取一张任务卡进行答题,完成任务向前多走一步,答错不奖励步数	知道1元、5元、10元的换算	1. 注意倾听教师的教学语言和指令,听词语找出目标图片 2. 认读"在""钱",跟读词语"爸爸""存钱罐""零花钱",理解词语的意思	1. 认识不同面额、不同材质的人民币 2. 了解人民币的主要用途

在单元教学实施中,不同学科教师之间应加强沟通,教师可以将学生掌握较弱的知识反馈给其他学科教师。在开展综合活动时,教师可以有针对性地帮助学生全面发展。若教师在教学中发现普遍性的问题,也可以及时调整教学,针对性地进行补足。

第三章

研究成效："小教室"有"大智慧"

一、"3+X"创新教室培养与提升培智学校学生核心素养

对于研究成效的探究,我们重点关注学校适应能力,包括自我服务能力、在校与人交往能力、课堂参与度与学习目标达成度,以及在校问题行为减少等,并进行相关数据的收集与分析,而这些都与"三维度三梯度"培智学校倡导的"能自理、乐学习、爱生活"高度契合(见图3-1)。

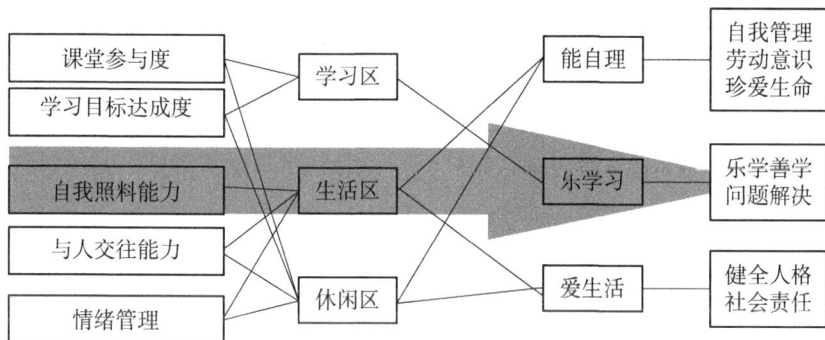

图 3-1 "3+X"创新教室培养与提升培智学校学生核心素养

(一)"3+X"创新教室提升学生学校生活适应能力

以低、中、高年级段为发展阶段,我们使用《特殊儿童社会适应能力评估工具》收集学生的发展数据。对其中"学校适应"板块得分以年级段为单位,对2019年与2024年的同年级段学生进行配对 T 检验。结果显示,各年级段学生

的学校适应能力存在显著差异。其中,低年级段和中年级段呈 0.05 水平的显著性差异,进一步对比,2024 年显著高于 2019 年。高年级段呈 0.01 水平的显著性差异,且 2019 年显著低于 2024 年。由此可见,无论低、中、高年级段,"3＋X"创新教室都显著提升了学生的学校适应能力(见表 3-1)。

表 3-1　各年级段 2019 年、2024 年学校生活适应能力配对 T 检验结果

名称	配对(平均值±标准差)		差值(配对 1—配对 2)	t	p
	配对 1	配对 2			
2019 低年级段配对 2024 低年级段	3.22±3.22	4.26±2.43	−1.04	−2.189	0.039*
2019 中年级段配对 2024 中年级段	9.63±8.50	13.42±7.78	−3.79	−2.245	0.035*
2019 高年级段配对 2024 高年级段	24.88±8.97	32.78±8.51	−7.91	−10.516	0.000**

注: * 表示 $p < 0.05$, * * 表示 $p < 0.01$。

分析学校适应能力中的"学校人员"评估条目,其主要评估内容包括"知道班级同学姓名""认识学校内老师、同学及其他工作人员"。依据《特殊儿童社会适应能力评估》工具,得分率为 0～25％(含)属于该学生的弱势领域,得分率 25％～75％(不含)为一般领域,75％(含)～100％为其优势领域。

对比 2019 年、2024 年各年级段"学校人员"项目中弱势领域、一般领域以及优势领域的学生比例,结果显示,各年级段"学校人员"为优势领域的学生比例都明显提升(见图 3-2)。

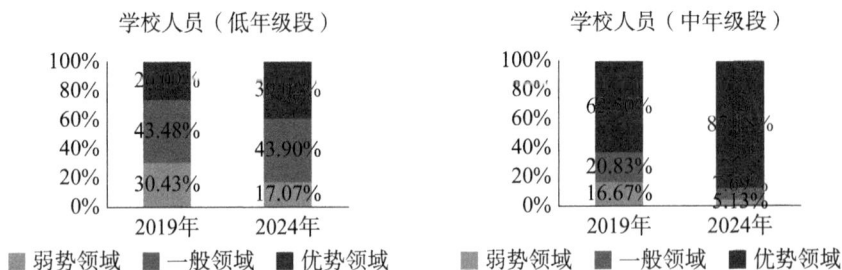

学校人员（低年级段）

学校人员（中年级段）

学校人员（高年级段）

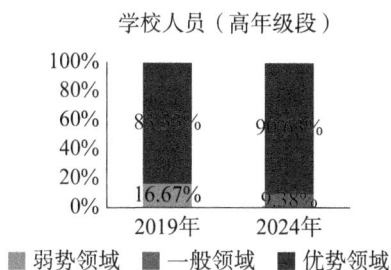

图 3-2　各年级段 2019 年、2024 年"学校人员"项目各领域人数占比

进一步分析学校适应能力中"学校人际"评估条目,其主要指向学生日常与教师、同学的互动、沟通、合作、分享等人际交往能力。该项目优势领域人数比例在各年级段同样呈现出增长趋势(见图 3-3)。

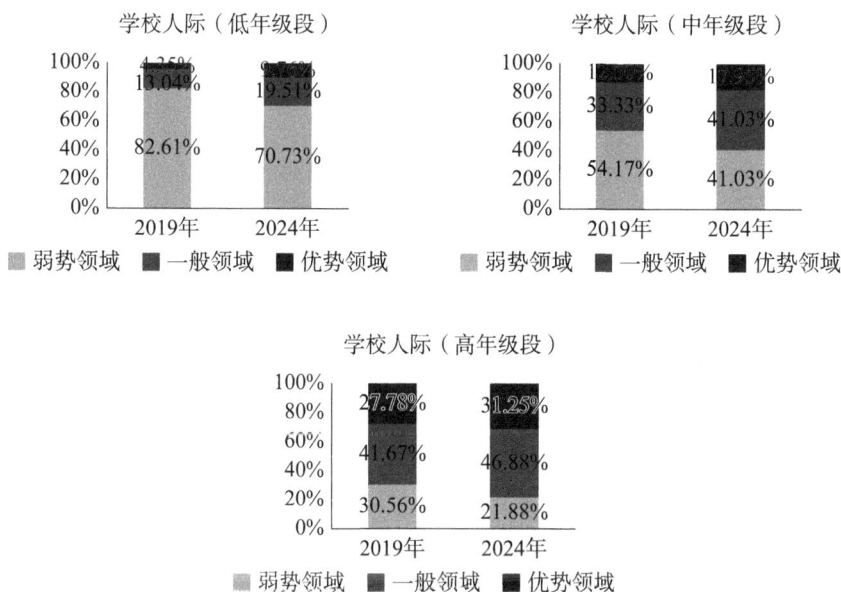

学校人际（低年级段）

学校人际（中年级段）

学校人际（高年级段）

图 3-3　各年级段 2019 年、2024 年"学校人际"项目各领域人数占比

(二)"3+X"创新教室提升学生自我照料能力

除了学校适应能力以外,同样考量学生"个人生活"中的"自我照料"评估条目,该评估条目主要针对学生的自我服务劳动能力,包括饮水、进食、如厕、整理个人物品等。结果显示,2019—2024 年,各年级段学生的自我照料能力均有明

显提升,尤其是 2024 年高年级段学生中,有 50% 在"自我照料"项目中表现为优势领域(见图 3-4)。

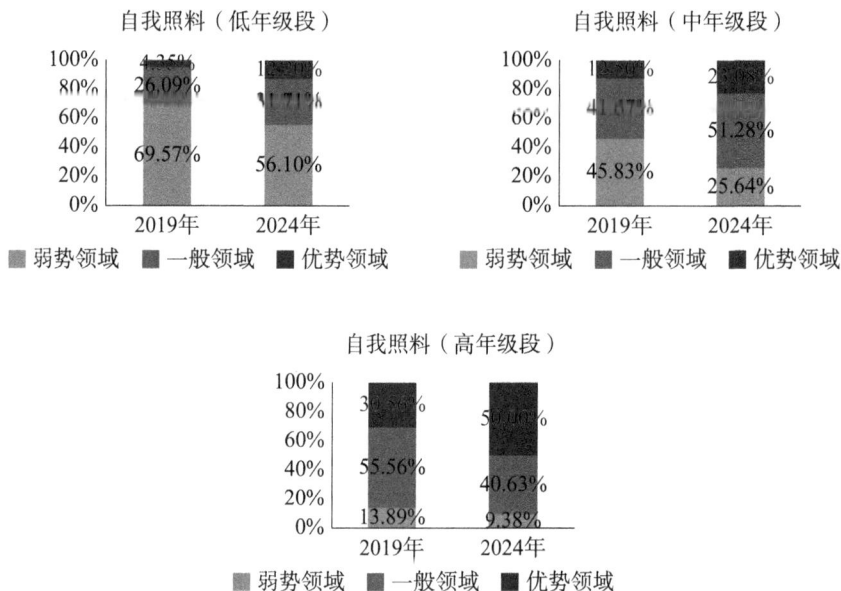

自我照料(低年级段)

	2019年	2024年
优势领域	4.35%	12.20%
一般领域	26.09%	31.71%
弱势领域	69.57%	56.10%

■ 弱势领域　■ 一般领域　■ 优势领域

自我照料(中年级段)

	2019年	2024年
优势领域	12.50%	23.08%
一般领域	41.67%	51.28%
弱势领域	45.83%	25.64%

■ 弱势领域　■ 一般领域　■ 优势领域

自我照料(高年级段)

	2019年	2024年
优势领域	30.56%	50.01%
一般领域	55.56%	40.63%
弱势领域	13.89%	9.38%

■ 弱势领域　■ 一般领域　■ 优势领域

图 3-4　各年级段 2019、2024 年"自我照料"项目各领域人数占比

(三)"3+X"创新教室提升学生课堂参与度

通过综合评估,考量学生的认知水平、课堂参与度、课堂教学目标达成度等维度,与班主任以及学科教师共同讨论后,将学生分为 A(较好)、B(一般)、C(较弱)三层。每班任意选取各层 1 名学生为观察对象,以每学年第一学期 9月、12月;第二学期 3月、5月为时间节点,在真实课堂中由多位教师进行观察,统计学生课堂活动参与度以及学习目标达成度。其中,2019 学年(201909—202010)为基线期,2020 学年、2021 学年、2022 学年、2023 学年为干预期(202012—202403)、2024 学年(202405—202410)为维持期。

以课堂互动点(包括教师提问、各类学习活动)为分母,个体互动点(包括学生自发互动及被动参与的次数)为分子,以个体互动点除以课堂互动点所得比例统计"课堂活动参与度"。

结果显示,2019 学年低年级段学生(一年级)在基线期时,课堂参与度均低于 50%,随着"3+X"创新教室完成一期改造与深入实施,学生课堂参与度持续上升,各层学生在维持期的参与度均超过 50%。其中,A 层学生课堂参与度在干预期几乎呈直线上升趋势,表明教室里投放的学习材料与活动,能够直接激发 A 层学生的学习兴趣,促使其主动参与其中(见图 3-5)。

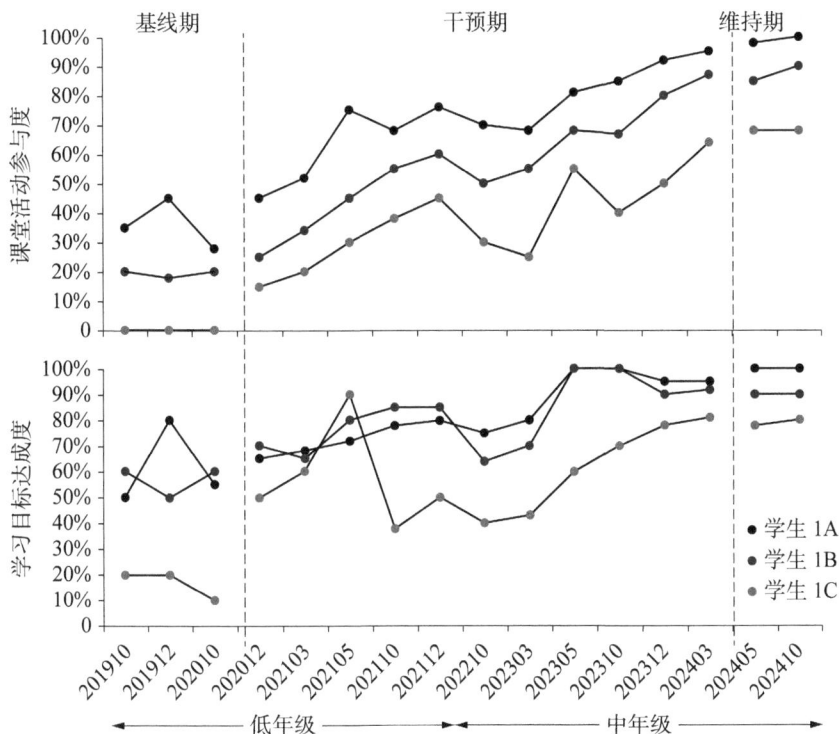

图 3-5 2019—2024 学年低年级段学生课堂参与度、目标达成度

2019 学年中年级段学生(四年级)在基线期出现了较明显的波动,其中一个生态化的原因是在 2022 年出现了一段在线教学时期。一方面,学生在"3+X"创新教室中形成的学习参与效果无法在远程教学中实现;另一方面,特殊儿童脱离熟悉的学习环境,需要较长时间重新适应。中年级段的波动性因此最为显著。由此证明了"3+X"创新教室对学生所产生的必然影响(见图 3-6)。

(四)"3+X"创新教室提升学生学习目标达成度

以(所观察)课时目标为分母,以(所观察学生)目标得分为分子,其中单项目标完全达成计 1、部分达成为 0.5、未达成为 0,所有目标项得分总和即为学生目标得分。由学生目标得分除以课时目标所得比例统计为"学习目标达成度"。

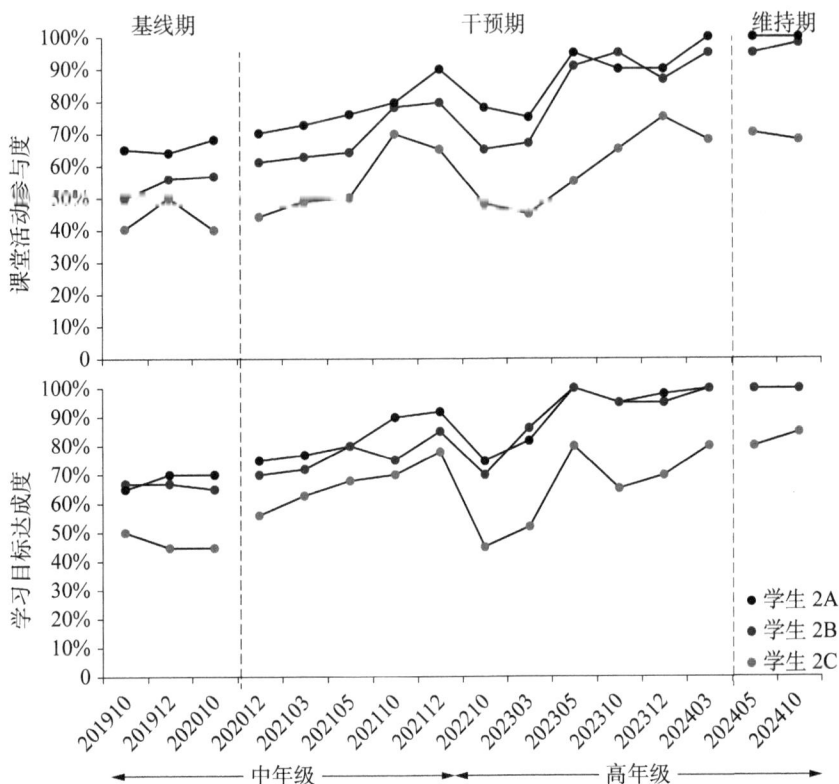

图 3-6　2019—2024 学年中年级段学生课堂参与度、目标达成度

与"课堂活动参与度"相比,"学习目标达成度"并未呈现出稳定增长趋势。由数据可见,低年级段学生,C 层级(较弱)学生在最初接触"互动式板书"等教学活动时,教学参与度明显提升,由此可观察与评估的教学目标度骤然增加。这也进一步证明,教室环境的改变应尽早介入,尤其对于低年级段学生的作用明显且快速。

其余的年级段,学习目标达成度与课堂活动参与度一致,都呈现出提升趋势,尤其能够在维持期保持稳定的上升。

(五)"3＋X"创新教室促进学生发展的社会效度

以学年段为单位,就学生的适应性问题与课堂表现,对班主任进行了访谈。梳理前后两次访谈文本中的关键词及其频次,利用词云生成器 Word Art 制作云图进行分析,对比结果如图 3-8 所示。

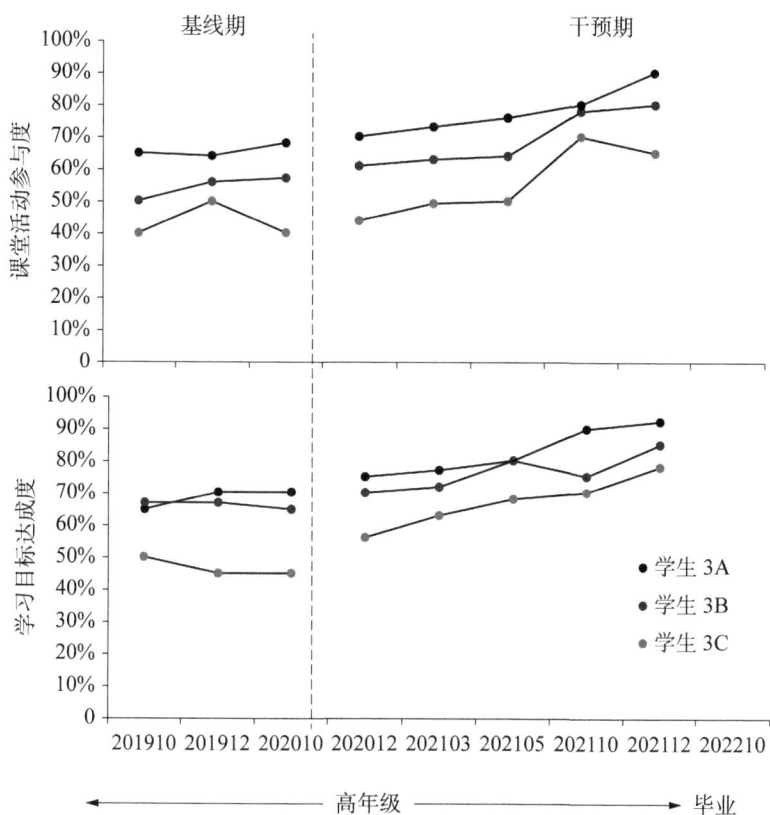

图 3 - 7　2019—2024 学年高年级段学生课堂参与度、目标达成度

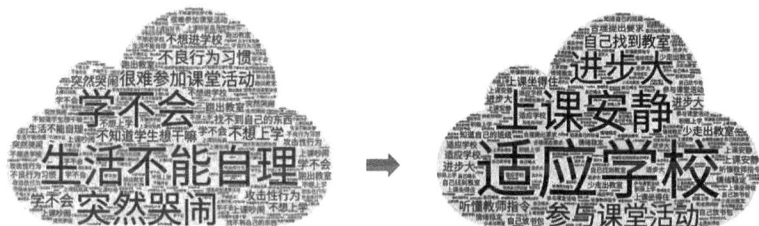

图 3 - 8　班主任对学生发展的关键词对比

可以发现,以往困扰教师的问题,例如"生活不能自理""突然哭闹""不愿进入课堂""随意离开课堂""学习成效低"等,已转变成"适应学校""参与课堂活动"等。由此可见,从实践研究的角度,无论是基于观察者对于固定的课堂教学的观察数据,还是基于教师普遍的认同,"3＋X"创新教室的确对学生发展具有

积极的促进作用。

二、"3+X"创新教室运用至学校生活之优秀班级管理案例

以下是我们将"3＋X"创新教室运用至学校生活中获得的优秀班级管理案例6例。

案例1 创设"可视化"班规,让智障学生由"读懂"到"遵守"
——创设教室环境促进学生行为养成

案例 背景

班规,指本班学生在班级活动中必须共同遵守的规章制度。遵守班规是班级活动顺利进行的保障。在义务教育阶段,班规通常由班主任和学生共同讨论制订。

班规通常以文字表述的条文形式呈现。但在特殊教育学校,面对能力有限的特殊学生,文字类的班规难以让他们理解并掌握。对他们而言,最好的信息接受方式是通过具体形象的展示以及在实际情境中的操作实践。因此,学校将班规通过环境布置进行"可视化"转化,并设计相应的活动,让学生通过每天不断重复的具体实践,逐步养成良好的行为习惯。这既是事半功倍的班级管理方式,也是日常教学的重要辅助手段。这种适应特教学生的班规制定与实施,为特教学生的发展带来了可喜的变化。

当下,培智学校学生普遍呈现出残障类型多样、残障程度较深的现状。依据《培智学校义务教育课程标准(2016)》所提出的"重视生活适应"的核心教育目标,对于中、重度智障学生而言,与习得学科知识相比,知识技能的实际运用、良好的生活、学习习惯,以及待人接物等方面的行为习惯的养成更为重要。

然而,现实情况是,由于先天及后天等各方面因素,培智学校学生往往到高年级都无法独立完成学校日常生活,正确的行为和学习习惯也迟迟未能养成。多数孤独症学生甚至还存在较为严重的情绪问题,不仅阻碍自身获得学习与成长,还会影响集体教学活动的有序开展。

作为一名培智学校中年级段(六年级)的班主任兼"生活语文"和"生活适应"学科教师,自踏上班主任岗位以来,一直努力探索如何在班级生活中帮助学

生形成良好的生活、学习及行为习惯。多年来,针对班级学生发展现状与个性化问题,通过制订班规,并利用班规开展养成教育。然而效果一直不甚理想。学生即使能够熟练诵读"班规",但始终无法自觉落实到实际行动中。究其原因,中、重度智障学生的认知与学习能力较为落后,加工方式特殊,他们较难学习与理解抽象的文字或语言;即便认知水平较高或识字量较大的学生,他们能够正确认读"班规",却无法将"正确阅读"提升至"实际应用"的层面。有关中、重度智障学生,孤独症学生的大量研究发现,比起听觉加工或抽象思维,这些学生更擅长视觉加工和形象思维。因而,"视觉提示"支持被广泛运用至一线教育康复中。

2019 年,学校积极推进重点课题——"新课标背景下培智学校低、中年级'3+X'教室环境创设的实践研究",班级有幸成为第一批试点班。随着课题的开展,逐渐发现:"教室"是学生所处时间最长的成长环境。在课堂教学、个别化训练的教育康复手段之外,不应该忽视教室环境空间的教育功能。班规,应该能通过"教室环境"的创设得到有效落实。

于是,教师尝试将"班规建设"与"教室环境"创设结合在一起,让原本单调乏味的"文字式"班规融入多样化的"教室环境",让每一位学生充分融入班规"制定"和"制作"的每一个环节,让不同认知水平的学生都能"看到""读懂"并尽可能"遵守"班规,最终让"教室环境"渗透至"养成教育",让学生在进入教室后的一日活动中,能够自然而然地遵守班规,养成良好的行为习惯。

案例描述

(一)"可视化"班规的制定

1. 基于课标,班情分析

全班共有学生 7 名,其中女生 2 人,男生 5 人,智商均小于 40。其中孤独症患儿 1 人,脑瘫患儿 1 人,结节性硬化症伴随癫痫患儿 1 人。其中有 1 名学生在小学阶段曾为普校随班就读生,六年级时进入班级,其生活及学习能力相对较强,且能够主动帮助其他同学。另有 2 名学生,生活及学习能力较差,尽管已经升入六年级,依旧连大小便都无法自理。

依据《培智学校义务教育生活适应课程标准(2016)》,同时利用特殊儿童早期干预五大领域评估工具,聚焦学校生活、个人生活两方面,对全班学生进行评估,结果如下。

1）个人卫生与生活自理

课标要求：低、中年级段学生应养成正确的进食及如厕习惯；中年级段学生应学会洗头、洗澡、剪指甲、穿脱复杂的衣物等生活技能，以及爱护个人学习用品。

学生现状：班中有 1 名生活自理能力较强的学生，除了能做到以上几点要求之外，还会帮助其他同学穿脱衣服等。但超过半数的同学在洗澡、剪指甲等方面仍需他人帮助。其中 2 名学生因为身体功能以及语言障碍，缺乏大小便自理能力，大小便失禁的情况时有发生。

此外，班里大部分学生未养成及时整理学习用品的习惯，书本、铅笔、橡皮常常会掉到地上，要用时再到处寻找；另外由于班级学生未养成良好的坐姿习惯，班级课桌椅经常也会出现移动、变乱的现象。

2）遵守纪律与学习习惯

课标要求：低、中年级段学生应遵守学校作息时间，了解并遵守学生守则和校纪校规，积极参与学习活动，初步养成良好的学习习惯。

学生现状：班级中仅有 2 名学生能基本有序参与学校活动，其余学生都存在相关问题。例如，班中有位孤独症学生，由于作息不规律，晚上不肯睡，白天起不来，经常 9:00 才到校，曾多次与家长沟通未果；在课堂学习方面，特殊学生的学习能力普遍较弱。以班级为例，有的学生自控能力较差，在课堂上坐不好，时常影响课堂秩序；还有的学生喜欢自言自语，注意力不集中，容易开小差。因此，班级的课堂教学效果并不理想。

此外，学生对于两分钟预备铃的概念尚不清晰，当上课铃响之后，虽然同学们嘴上说着"上课了"，但是他们在行动上却仍未做好课前准备。因此，后期会重点加强两分钟预备铃这一习惯的培养。

3）自我认知与情绪管理

课标要求：中年级段学生能够初步拥有个人的兴趣爱好，并学习表达个人情绪情感。

学生现状：班中仅有 1 名学生了解自己的兴趣爱好，并能够正常表达个人情绪和情感。值得注意的是，一位孤独症学生也拥有自己的"兴趣爱好"，经常独自机械地背诵、朗读各种文字材料，例如书籍、儿歌、电视节目、广告等。而其余学生不仅没有自己的兴趣爱好，也未形成完整的自我认知能力，无法正确感知自我情绪状态进而进行有效的情绪管理。

4) 文明礼貌与同伴交往

课标要求:学生应愿意和老师、同学交往,会用礼貌用语;尊敬并信任老师,与老师建立良好关系;友爱同学,与同学平等相处、互相帮助。

学生现状:在文明礼貌方面,尽管学生的语言能力不同,有的学生能够主动开口打招呼,而有的学生仅能用手势表达,但他们基本都能做到尊敬老师。而学生在互相沟通方面却存在诸多问题,因为大部分学生都只关注自己,不太关注周围人的情绪变化,遇到问题往往会直接找老师,同学之间的互相帮助、沟通交流很少。在班级中,大部分学生尚未形成较强的集体意识,对班级中的同伴缺少关心,更无法主动为班级作贡献。

2. 立足班本,制定"班规"

从"新课标"出发,依据《中小学生守则(新版)》,围绕学校的行为规范内容,综合考虑本班学生差异显著的认知与学习特点、适应能力现状以及不同的喜好与兴趣,为本班级学生定制"班规"如下。

准时到校"守时好",一日活动我知道;

干净整洁"卫生好",个人物品会管理;

上课认真"学习好",书写朗读要用心;

文明礼貌"友爱好",课间休闲守规则;

积极乐观"心情好",争做情绪小主人。

具体解读班规如下。

"守时好":全班学生都能够每天8:00准时到校;能力较强的学生清晰知晓学校一日活动,并能提前准备,准时参加。能力较弱的学生能在帮助下知道当日课程。

"卫生好":保持个人每日干净整洁;个人物品摆放整齐;个人学习区域干净整洁;桌椅摆放有序。能力较强的学生可以做好自己的区域管理,并能够帮助其他同学;能力较弱的学生能够在同伴或老师的提醒与帮助下,做好个人物品与区域的日常管理。

"学习好":能够积极做好课前准备工作,课堂上认真听讲,积极发言,养成良好的"三姿"(坐姿、写字姿势、读书姿势)习惯;能力较强的学生能做好相应的课前准备,养成良好的学习习惯;能力较弱的学生经过提醒后,知道上课铃响坐坐好。

"友爱好"：学会并能合理运用礼貌用语，同学之间能够互相谦让、乐于分享；遇到困难时能够互相帮助，共同进步。能力较强的学生能够准确应用礼貌用语并主动关心和帮助同班同学，主动为班集体出力；能力较弱的学生能够在其他同学的带领和教师引导下，在日常互动中与同学礼貌交流。

"心情好"：学生能感知与表达情绪，并尝试调整自己的情绪，保持积极乐观，做自己的情绪小主人。能力较强的学生能够正确表达个人情绪，能够保持愉悦的心情来度过每一天；能力较弱的学生可以在老师的引导下尝试"说一说""指一指"自己的情绪状态。

3. 创设环境，班规"可视化"

班规"可视化"，即将班规内容转换成诉诸视觉的形象化形式（包括平面与立体、静态与动态等）。

对教室进行"生活区""学习区""休闲区"的区域划分，遵循"整体规划、分合有序、班规引领、注重实践"的创设理念，针对学生特征，以落实"班规"为目标，结合环境创设，设计与开展贴合学生实际的实践性与操作性活动。

1）"生活区"

对应班规："守时好""卫生好""心情好"三条。

创设活动："个性名片""晨检卡""今天星期几""书包水杯架""一日活动卡"等。

"个性名片""书包水杯架"：依据学生不同认知水平与识字量，在学生座位、书包水杯架等物品与学生个人区域贴上适合不同水平学生辨认的个人标签，通过这些清晰且区分度高的"个性名片"，帮助学生建立良好的自我管理意识。

"晨检卡""今天星期几"：在教室门口创设"晨检卡""今天星期几"两个板块内容，通过学生"每日进校完成签到"的简单举动，评估学生是否"准时到校"；在签到过程中引导学生尝试着用不同颜色表达自己当下的情绪状态。

"一日活动卡"：根据学生学习能力的差异，设计个性化的"一日活动卡"。针对能力较弱的学生，对应每个课程设计相应的图卡，仿照台历的样式制作"一日活动卡"，并将其置于学生课桌前。学生仅需在课前两分钟翻页便能掌握个人一日的活动安排。而面对能力较强的学生，制作一份有时间、有课程、有活动内容的填字卡，能力好的学生可自己填写，其余学生则通过现有的文字卡片完成。通过一日活动卡的应用，学生能够充分利用课前两分钟的预备铃做好课前准备,更加快速地进入学习状态。

2)"学习区"

对应班规:"学习好"。

创设活动:"朗读亭"。

"朗读亭":班中有一位非常热爱朗读的学生,因此特别在班级后门空处设立了"朗读亭",希望这位同学能在此处发挥他的兴趣特长。同时,在这位同学的带动下,促使其他学生共同阅读,进而提升全班的阅读能力,养成良好的阅读习惯。

3)"休闲区"

对应班规:"友爱好"。

创设活动:"益智游戏"。

"益智游戏":该区域主要放置与学生兴趣爱好相符合的益智玩具,供学生在课间或情绪不佳时进行休闲活动。其主要目的在于帮助学生找到自己的兴趣爱好,形成正确的休闲方式。在休闲玩耍的同时舒缓情绪,增加同学之间的互动,形成良好的活动氛围,并进一步掌握休闲活动的各项规则,提升个人的规则意识。

(二)"可视化"班规的活动与实施

环境创设只是落实"班规"的第一步,如何基于环境开展有针对性的教育活动才是环境创设的关键。以下以生活区中的"个性名片""书包水杯架""晨检卡""今天星期几""一日活动卡"为例,详细介绍"可视化"班规的活动创设与实施过程。

1. "卫生好"之"个性名片"和"书包水杯架"

实际上,中年级学生已经能够认识与区分个人与他人物品,可他们往往仅能认识自己的物品,却缺乏管理自我物品与学习区域的意识与能力。所以,班级中常常会出现学生的水杯和书包胡乱摆放、学习用品丢失或互相拿错的现象。

因此,根据每位学生的性格特点以及兴趣爱好,老师通过图片加姓名的方式为他们设计独一无二的个性名片(见图3-9)。这套"名片"被张贴在"书包水杯架"(见图3-10)"书桌"等区域,帮助学生建立"我的物品、我的学习区域"的概念,进而逐步培养他们的"自我管理"能力,形成"自我管理"的意识。

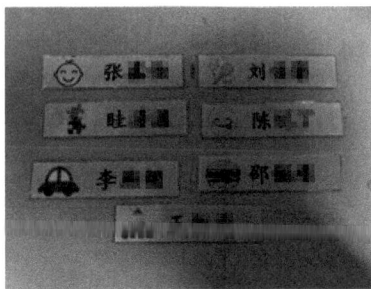

图3-9 个性名片

图3-10 书包水杯架

1) 认识卡片，认识教室里的"我"

所谓"个性名片"是指"名片"上除了包含学生的名字以外，更核心的标签方式是学生喜爱物品的图片。例如，有的学生喜欢唱歌，他的"名片"上就是话筒加音乐符号；还有的学生喜欢画画，那么他的"名片"就是蜡笔的图案。由于"名片"上都是学生自己非常喜欢的物品，即使是能力最弱的学生也能在短短两周内从不认识到能认出自己的卡片。

"名片"张贴后不久，学生们走进教室看到贴有"名片"的地方，就会很高兴地指着说："这是我！"老师也会很高兴地回应："是呀，这是你。"

2) 放置卡片，认识教室里的"我的……"

老师将这套卡片张贴于"书包水杯架""课桌椅"以及"晨检卡"上，用于区分学生们各自的物品与学习区域。因此，当所有学生能够认识并区分"个性名片"后，教师逐步帮助他们理解，卡片所代表的是"我的物品"与"我的区域"。

3) 落实班规，逐步做到"卫生好"

当学生能够清晰辨认出教室里的"我的物品与区域"时，教师进一步明确班规要求——"个人物品会管理"。

在实行班规的初期，教师首先教导学生如何将自己的水杯、书包与个人名片一一对应放置。在实际落实班规的过程中，学生会有从不适应、不自觉到逐渐养成习惯的过程。例如，活动初期，教师会直接指出个别学生的"脏乱"现象："这是谁的课桌？大家来看看，他做到'卫生好'了吗？"这时，这位当事学生会立刻意识到自己的错误，赶紧把自己的物品和名片对应地摆放好。

渐渐地，同学之间开始互相监督，这时，你就会常常听到这样的对话：

小A：这是谁的书包呀？怎么放到我这儿来啦？

小 B:这是我的! 对不起,我放错了!

小 A:没关系,我来帮你一起放吧!

再进一步,教师开始树立"小榜样",通过好的示范让全班同学都能够明白什么才是"整洁有序"。在之后的日子里,这位"小榜样"受到鼓励,更加严格地要求自己,与此同时,班级里其他同学也纷纷主动"模仿"起来。这时,班级里总会听到这样的声音:"我也要向她学习!""我也要做小榜样!"

4)帮助他人,处处渗透"友爱好"

"个性化名片"实践一段时间后,大部分学生已经能够很好地管理个人物品,每天都能够做到物品的整齐摆放。

为了更好地实施深化这一举措,教师还特别设置了一位特殊的"生活管理员"。这是一位孤独症学生,尽管他的生活能力并不是班里最强的,但他那种"刻板"性格让他总能在第一时间把班里的物品正确归位。

在他"任职"期间,他时刻坚守着自己的工作岗位,每当看到其他同学随意摆放物品时,他都会走过去,手把手地帮助他们正确摆放。其他同学看到他的举动,都会对他说一声"谢谢!"而他也会回应一句:"不用谢。"

2. "守时好""心情好"之"晨检卡""今天星期几""一日活动卡"

在培智学校,重度智障学生由于自身认知能力落后及后天家庭教养不重视等因素,往往缺乏时间观念。虽然他们被动机械地每日到校,却不能完全知晓每日课程,并按照课程安排提前做好准备,积极参与课堂及其他活动。

班级学生虽不存在明显的问题行为,可大部分学生无法正确表达"高兴""难过""生气"等基本情绪。例如,有时教师会问学生:"你今天心情怎么样?"学生一般都不知道怎么回答。但如果教师换一种提问方式:"你今天高兴吗?"学生基本都会回答"高兴的"。实际上,这样的回答并不真正代表学生感知到自身情绪。

因此,教师在教室里设置"晨检卡"(见图 3-11)、"今天星期几"和"一日活动卡",帮助学生学会遵守学校作息时间以及正确表达个人情绪,从

图 3-11 晨 检 卡

而落实班规"守时好"和"心情好"。

1）打卡签到，准时到校不迟到

教师在教室门口设置了晨检卡，并沿用了"个性名片"来区分不同的学生。

每天早上，当学生进入教室时，他们第一时间将晨检卡插入"个性名片"对应的卡槽内。由此，从晨检卡即可看到该学生每日是否按时抵校，一目了然。一周五天都做到按时抵校的同学将会获得相应奖章。

在学生渐渐适应每日签到时，教师在晨检卡旁增添了一个小闹钟，一到8：00就有音乐响起。一开始，学生会问："这是什么？""为什么会有声音？"教师会一一解答，这是检查他们是否有准时到校的"闹钟"。渐渐地，他们在签到之时都会看一眼时钟，有的学生还会主动表达："老师，我没有迟到！"

2）心情红绿卡，我的心情我知道

班级的晨检卡设计为正反两面，一面是绿色，一面是红色，绿色代表该生今天心情不错，感到"开心"；而红色则代表学生今天有情绪，感到"不开心"。

当学生每天早上签到时，通过这种颜色区分的方式，教师就可以快速了解每个学生当天的心理状态。

经过一段时间的打卡签到，每天早上教师还是会坚持询问学生"今天你心情怎么样？"获得的回答从最初的"红色""绿色"到后来的"开心""不开心"。让人惊喜的是，许多学生开始真正理解"开心"和"不开心"的含义了。有时，当看到别人产生情绪问题时，他们也会脱口而出："他哭了！他不开心了！"

3）今天星期几，上学休息不乱套

日期概念对于大多数特殊学生而言较为困难，他们往往无法理解"年、月、日、星期"的意义，因此一些学生会由于是否"上学"和"休息"而产生情绪问题。例如，有的学生会因为"天气不好"就"不愿上学"；还有的学生会因为身体有一点点感冒了，就说："不想去学校了，要请假。"

图3-12 "今日星期几"挂历

因此，老师在教室里专门放置了一款"今日星期几"的挂历（见图3-12），每周轮换一位学生负责更改挂历日期。在放置一个学期之后,学生的表现令人惊喜。

因为上学时间通常是周一至周五,学生逐渐掌握了周六和周日是休息日的概念。每到周五,有同学就会主动表达"明天不来学校了",老师会追问:"为什么不来了呢?"该生就会回答"明天是周六,不上学",老师继续问:"那什么时候上学呀?"他会自信地回答"周一上学"。

4）一日活动卡:"一日活动我知道"

六年级学生除了日常教育教学活动外,还参与各种丰富多样的学生社团。在校活动不断增多的同时,学生的自我管理能力却并未随之明显提升。以这个班为例,有些同学参加多个社团,经常搞混时间,需要老师提醒才能前往正确的教室上课;还有些学生不会合理利用自己的休息时间,常常发呆或打瞌睡。

为此,教师设计了"一日活动卡",促使每位学生了解每天的学习和活动安排,进而培养他们的自我管理能力。

首先,"一日活动卡"人手一份,个性定制,各不相同。因为每位学生的每日活动内容不同,教师根据他们不同的认知能力,专门为他们配备了纯文字和图卡两种不同形式的"一日活动卡"。

其次,"一日活动卡",每日一版,教师给予指导支持,学生自己动手制作,人人参与。对于能力较强的学生,其活动卡由自己制作完成。每日到校后,学生会在活动卡上填写日期、课程以及所要参加的社团活动。在每节课程结束后,他们能自觉查看下一课程的内容,并做好相应的准备工作。而对于能力较弱的学生,需要为其设计图文对照的活动卡。教师设计的是模仿台历的样本,将今日所需活动课程的图卡串联起来,贴上日期,学生只需在完成一节课后翻一页即可。此类个人活动卡基本由学生和教师共同完成,在制作过程中,由班主任引导学生了解图卡的基本内容并指导他们如何使用。

"一日活动卡"使用一段时间后,能力较强的学生已逐渐养成每天主动填写活动卡的习惯。他们能够根据自己的活动需求,做好活动准备。有时候,当教师因工作繁忙忘记提醒时,这些学生反而会主动来告诉教师接下来他们的计划。他们已经从最初被动接受,转变为主动规划的孩子。

另外,能力较弱的学生也有了改变。由于能力较弱学生普遍认知较差,他们起初连当前在上什么课都搞不清楚。但通过图文对照卡片的提示,学生也能渐渐说出课程的名字,并能够拿对书本,这是他们的巨大进步。

需要特别说明的是,在"一日活动卡"中,教师特别注明了课前两分钟预备铃的时间。经过一个学期的培养,学生们基本都能在预备铃期间完成自我物品的摆放和当堂课的相关准备工作,逐步养成了较好的学习习惯。

在实施"一日活动卡"之后,同学们的表现尤为卓越。特别是课前两分钟的准备环节,教师经常能看到同学们在课前就已经把书本和铅笔盒摆放好。有时,因为每个人参加的社团或个训课程不同,学生间还会出现这样的对话:

A:"下节课我去参加美术社团,你们去上什么呀?"

B:"我去参加冰球训练。"

C:"我在教室里上语文课。"

看! 同学们已经不再需要老师提醒,自己就能主动去参加不同的课程了呢!

(三)"可视化"班规的实施效果

1. 遵守学校作息时间,班级教学井然有序

在落实班规"守时好"方面,晨检卡发挥了非常积极有效的作用。学生养成了每天签到打卡的习惯之后,迟到的现象明显减少。"一日活动卡"的制作和使用,帮助学生清晰地了解自己每日的课程安排,做到"课前有准备"。另外,"今天星期几"让学生能够了解上学和休息的时间不同。

学生在逐步自觉遵守校纪校规的同时,也自然会以更饱满积极的情绪状态投入学习,学校内课堂上不适应、消极的情绪明显减少。

2. 学会自我管理,班级卫生整洁有序

在落实班规"卫生好"方面,同学们从最初的书包、水杯随意摆放,纸巾乱丢到现如今的能够将自己的水杯、书包正确摆放在个人区域,并每日保持个人区域的干净和整洁。同学们在逐渐改正错误行为的过程中,也渐渐理解了"我的"和"你的"之间的区别,个人物品的管理意识大幅提升,班级卫生也变得整洁有序。

3. 能为班级出份力,班级氛围积极向上

在落实班规"友爱好"方面,由于之前班级中同学之间的沟通和互动较少,教师在各个岗位都设立了相应的管理员,其目的不仅是增加同学之间的互动频率,也希望各个管理员能发挥榜样作用,有意识地为班级出力,增强班集体意识。同时,也期望同学之间可以互相帮助、互相关心,将班级营造成一个温馨、

积极、有爱的团体。

(案例)反思

最好的教育,是适应学生发展的教育。这种教育能够根据学生情况,因势利导,积极创造,从而促进学生的成长。在可视化班规的构想及其运作过程中,学校结合特教学生的行为与心理特征,用他们能够接受乃至喜欢的方式来实施教育,于是将班规做了形象化、操作化的设计,适应特教学生的特点。在可视化班规实施的过程中,我们有了一些宝贵的体会。

(一) 良好的环境创设能与孩子对话

面对特殊孩子时,我们常常有这样的疑问:"他为什么又哭了? 他为什么要躺在地上? 为什么要咬手?"等等,这些行为背后的根本原因就是我们不了解孩子。在创设环境初期,教师做得最多的事情就是从各方面了解学生的需求,找出学生的优势和劣势,找到与学生共振的切入点,并根据这些信息进行有针对性的环境创设。

"个性名片"是班级创设中首先值得推荐的一个举措。其实与孩子的对话,归根结底,就是让孩子能够在教室里"看到"自己。"个性名片"的设计实际就是让孩子对环境感兴趣,主动与环境对话。利用孩子喜欢的元素来吸引他们的注意,不失为面对中、重度智障学生的一个简单而有效的方式。

(二) 规则意识的形成来自具体实践

"班规"是班主任为班级管理制定的具体实施方案。然而,班级管理不应只是简单的自上而下的规则发布,而应是教师与学生之间的和谐互动与秩序共建过程。要保证这个过程顺利进行,首先就是要保证信息在双方之间的有效传递。

面对能力有限的特殊学生,文字类的班规往往难以让他们理解并掌握。对他们而言,最好的信息接受方式是在具体情境中的操作实践。因此,将班规通过环境布置进行"可视化",并设计相应的活动,可以让学生通过每天不断重复的具体实践,逐步养成良好的行为习惯。这既是事半功倍的班级管理方式,也是日常教学的重要辅助手段。

例如,在落实班规"守时好"时,以往教师会每天重复告诉孩子"天天上学不迟到",有些学生几乎都能跟着背诵出来。可是,机械复述并不代表学会与理解,学生依旧还是会迟到。应用"晨检卡"后,学生每天准时签到,每天简单的

"插卡"动作可以帮助他记住"准时到校"。

总的来说，班级环境对于学生个体发展与班级整体教育的价值，不仅在于环境创设的结果，更在于学生对环境创设内容的参与，以及对成果的关注和反馈。除了要为学生提供符合其特点和需求的内容和材料，发挥在环境创设中的主导作用，还应主动创造条件和机会，引发学生对环境创设的热情。通过环境的设计、沟通、建立，使环境所创造和蕴含的独特教育养分充分被学生所吸收。

我们要将学生能看到、接触到的环境按照学生发展的身心特点装饰起来，并不同程度地与学生互动，使教室环境创设成为一位"会说话的老师"。寓教于乐，更寓教于环境，通过创设教室环境，实现"无声的养成教育"。

（上海市虹口区密云学校　赵懿佳）

案例2　个性化"一日活动提示卡"，我的"学习"我知道
——"学习区"里的个别化支持

案例背景

学生了解并适应学校学习和生活的安排是开展教学活动的基础。《培智学校义务教育课程标准（2016）》"生活适应"课程中明确指出：低年级段学生应"了解学校一日安排，愿意参与学校活动"。基于课程标准，学校多年来凝练形成行规养成教育，其中"守时好"要求学生做到：按时上课不迟到，有事请假要记牢，珍惜时间不拖拉，守时诚信很重要。与此同时，培智学校低年级段学生普遍呈现认知能力弱、适应能力差的特点，多数学生在最初的一年里根本无法形成学校规范，学校一日活动都需要教师不断提示才能参与。由此可见，以课标为基准，以校本为导向，以生本为依据，如何更好地促进低年级学生适应生活，是每位班主任在开展班级管理中的首要任务之一。

以培智学校二年级一个班为例。学期初一位随班就读生被安置为辅读学校学生，转入班级。相较于班级其他学生，该生明显认知能力较好，识字量较多，但由于刚转入，还不熟悉学校的日常学习生活。同时，进入二年级后，生活语文学科的教学越来越注重学生识字量的积累，培养学生对生活汉字学习的兴趣，在此情况下，学校期望以该生为例，探索促进低年级学生了解学校一日安排的有效手段。

自2021年起，学校开展市级科研项目，探索培智学校创新教室，不断挖掘

教室环境的教育功能。众所周知,可视化的支持手段在特殊教育中广泛运用,对于中重度智障学生而言,视觉信息相较于听觉信息,更易理解与掌握知识。在此背景下,学校科研项目的不断深入,进一步推动教师思考制作班级学生的"一日活动提示卡",从而促进学生了解学校一日活动,更好地适应学校生活。

案例描述

(一) 个案情况

1. 基本概况

转学生名叫豪豪,男,中度智力障碍(IQ:42)。认知和言语沟通能力在班级均属于较好层级,愿意与老师和同学沟通互动,课堂上能积极参与,能听懂简单指令,喜欢玩简单的拼图游戏,并且会帮同学拿水杯等。豪豪的识字量也较多。

2. 观察与评估

豪豪入学后,学校第一时间对他进行了五大领域评估,运动、感知、认知、语言与沟通和社会适应能力的得分均在 25%～75% 之间,属于一般水平。结合评估结果,教师还对豪豪在校的日常表现进行了观察评估。

1) 好奇"热情"的豪豪

观察发现,豪豪对班级的事务比较关心,遇到他想要了解的人、事、物时,会主动提问;遇到熟悉的老师和同学,喜欢不停地呼唤对方。然而,豪豪有时也无法把握提问与沟通的程度,呼唤他人会重复多次,即使对方已回应,且在老师让其停止时,依然会大声呼喊。有时,由于无法把握好人与人之间的交往距离和程度,豪豪甚至还会出现推人等问题行为。

2) 课间的一个不经意的提问

也许是在普校养成了看课程表的习惯,没过一两天,豪豪在课间就开始问:"下一节课是什么课?"听到这声提问,老师非常欣喜,因为班级在一年级时从未出现如此高质量的提问,这让老师意识到之前忽略了学生了解学校一日安排的需求。但老师告诉豪豪后没过一会,他又来提问了。于是,教师想到了与其让豪豪不停地询问,为何不教学生们主动寻求信息呢?

(二) 干预方案与目标

由此,教师着手利用教室环境,制作适合豪豪的"一日活动提示卡",期望帮助该生实现以下三点目标。①主动了解学习"一日安排",积极参与学校活动。②减少重复提问的频次,减少问题行为的出现。③逐步形成"守时好"的行为规范。

(三) 活动与实施

1. 阶段一:基于生情制作"活动提示卡"

考虑到豪豪有一定识字量,有学习兴趣且互动性较好等优势,老师在学期初将提示卡设计成文字版。每周上学五天,老师做了五张卡片,类似于传统的课程表。第一排是星期,接下来就是当日课程。老师用 A4 纸打印出来并塑封,打算用吸铁石将当日的安排表贴在黑板的一角,剩下的四张放在图书角的书架处,方便每日更换。

2. 阶段二:利用学习兴趣展开"学与训"

提示卡制作完成后,老师并没有第一时间贴在黑板上,而是等待豪豪来"主动学习"。当豪豪问"下一节课什么课"时,老师立刻把提示卡拿出来,请他先读一读卡上的文字,再教他观察下一节课是什么课,并利用课间他再次提问的契机多次教豪豪学习看提示卡。

第二天一早,他一到教室就意识到黑板上的提示卡"过期"了,指着提示卡,"嗯嗯啊啊"表现出急切的样子。此时,老师问:"豪豪是不是想换今天的安排表呀?那就说'请老师帮我换'。"豪豪复述后,老师帮他把挂在高高的黑板上"过期"的提示卡拿下并更换。之后再请豪豪查看星期,与老师一起核对当前的提示卡是否准确。

为了教会豪豪如何看当下时间对应的课程,老师利用下课时间、两分钟预备铃和午休时间与他进行提问互动:"×××课上完之后是什么课?"豪豪回答后,老师还会请其他同学进行复述,大家一起互动学习。

有时候,"主动学习"优于"被动输入"。兴趣是最好的老师,豪豪通过主动提问、观察与学习,很快就初步学会了借助"提示卡"来了解每日课程。其实,"主动学习"在特殊学校中同样存在。

3. 阶段三:出现"瓶颈"

经过几天的观察后,尽管豪豪依旧会问"下一节课什么课",但提问的次数明显减少。通过观察发现这背后有多方面的原因,例如:豪豪对提示卡上的字还未熟练掌握，认不全；一些普校从未上过的课，例如"感统课""感知课""言语沟通课"等，豪豪还不太熟悉；豪豪并未完全掌握看提示卡的能力，常常不知道现在上到哪一节课。

因此，豪豪的"下一节课是什么课"背后，其实存在着多种困惑。他还并未完全学会如何使用"一日活动提示卡"。

4. 阶段四：方案调整

老师对提示卡进行了反思，从学生的角度出发，分析出现的问题，并和其他老师进行了沟通。集思广益后，"一日活动提示卡"2.0版本应运而生。

1）卡通图配文字

针对学生识字水平有限和不理解字面意思的情况，每一节课每一个活动老师都以图文并茂的小提示卡形式呈现，让学生得到更贴近他现有认知水平的辅助提示。此外，内容也进行了丰富，不再局限于课程，还加入了课间活动、眼保健操、午餐、午休、午会和回家等内容，使学生对学校的一日活动安排有了更完整的了解。

2）自评打卡

针对学生不会看旧版提示卡，不知道进行到哪一个活动的情况，教师借鉴了任务清单的做法：每完成一项活动，就请学生打上一个"√"，以提示他们该活动已经完成，下一个就是即将要进行的活动，进行自评打卡。

3）位置改变

老师将"一日活动提示卡"的位置进行了调整。原先提示卡面向全体同学，挂在高高的黑板上，豪豪在更换过程中仍需要别人的帮助。现在，考虑到重复利用性、便利性、安全性和美观性等因素，"一日活动提示卡"采用雌雄搭扣贴在豪豪课桌的旁边，上下共两排，上排是一日活动名称，下排留给学生自己贴"√"打卡。暂时没有用上的课程内容和"√"则全部贴于一张卡片上，放在豪豪的课桌里。这样一来，学习内容就放到了学生触手可及的地方（见图3-13）。

5. 阶段五：再实施

豪豪对新的"一日活动提示卡"很感兴趣。每天，老师会帮他贴好第一排的所有当日活动，让他说一说今天星期几，有哪些活动。起初，有几个活动因为不认识字而说不出来，在提示"看看图片内容，再想一想"后，豪豪也能说出来了，并完成一项贴"√"的操作任务。在几周的强化学习后，豪豪已经基本学会，并

图 3-13　一日活动提示卡

能够独立打卡。

(四) 结果与成效

"一日活动提示卡"满足了豪豪了解并适应学校一日活动安排的需求。教师也通过环境布置为学生创造了主动寻求信息和解决问题的机会。特殊学生并非没有学习能力,也不是没有成长空间,他们只是更需要个性化的支持。可以说,"一日活动提示卡"实施一个学期后,取得了明显的成效。

1. 掌握操作"一日活动提示卡"的技能,适应学校生活

豪豪个性化的"一日活动提示卡"经过一学期的实施、调整、再实施后,他能基本掌握操作提示卡的技能。通过自主操作打卡,他能主动借助提示卡了解学校的一日安排,从而更愿意参与学校活动。班级里的其他同学看到豪豪桌边的"玩具"感到好奇,看到他在操作时也纷纷来围观。老师尝试着请豪豪担任小小日程播报员,这在一定程度上也提高了班级整体的学习意愿,促进了同学间的互帮互助,使班级整体更适应学校生活。

2. 重复提问的频次减少,做适切的事

"一日活动提示卡"实施以来,豪豪不仅"下一节课是什么课"的提问频次大大减少,其他话语的重复性也明显降低。下课后,豪豪有事可做:给刚完成的活动贴"√"打卡,看看接下来是什么活动,并为其做好身心准备。他知道下课时间可以上厕所,喝水,玩玩具和看书。这一变化有效减少了推人、说重复的话等问题行为。

3. 初步形成"守时好"的行为规范,遵守学校一日活动

经过一学期的实践,豪豪能基本根据每日提示卡进行相应活动。值得欣慰的是,遇到不在教室里上的课和课间大活动,提前了解安排的豪豪有时能主动

站起来,等候老师组织排队。其实"一日活动提示卡"的操作与运行就像是用环境与孩子对话,通过视觉信息告诉学生当日的活动安排,让学生能利用空余时间不断自我学习、理解和消化,从而提前做好身心准备,学会在适当的时间做适当的事,形成"守时好"的行为规范。

案例 反思

(一) 良好的环境创设能与孩子对话

经过改良后的"一日活动提示卡"简单易懂,具有较为丰富的交互性功能,离孩子的距离也更近了。特殊学校的学生认知水平落后、交际和沟通能力薄弱,并且存在一些问题行为。因此,让环境和孩子沟通不失为一种好方法。这不仅有利于学生知识的习得,养成良好的习惯,还能使学生获得良好的情绪体验。

1. 愿意看,喜欢看,看得懂

观察发现,豪豪是个爱提问又"太爱"提问的孩子。基于他的需求和兴趣,老师为他设计了个性化的"一日活动提示卡"。最初文字版的提示卡豪豪愿意看、喜欢看,但由于超出了学生的认知水平和学习能力,出现了没有真正看懂的困境。而改良后卡通图配文字的提示卡,通过视觉提示策略来与学生对话,让他得到了更符合现有认知水平的辅助提示。这样一来,让学生看得懂后,就更愿意"看"了。

2. 动动手,操作打卡

改良后强交互性的提示卡,让学生能够动动手,在操作中与环境对话。通过打卡,来回答学生"接下来干什么?"和"我完成了吗?"等疑问,能够有效帮助学生真正了解学校的生活,并主动掌握自己的一日课程。除此之外,该项环境创设还能提高学生的精细动作和操作能力,使他们各方面能力得到全面发展。

3. 从黑板到课桌,触手可及

"一日活动提示卡"的摆放位置从黑板移到豪豪的桌边,距离的拉近,让学生的学习触手可及。将适切的环境布置在离学生最近的地方,满足了他们最迫切的需求。当豪豪再次重复提问时,老师会请他弯弯腰,看看自己桌边的提示卡,尝试自行解答。

(二) 对今后班级管理的启示

"一日活动提示卡"经过一学期的使用,仍处于初级阶段,还存在受众单一、活动难度单一的问题。

目前的受众基本上还是豪豪一人,未来计划让豪豪带领大家一起学习。例如,也可以请豪豪在每项活动开始时进行播报"现在是×××时间",以便全班同学逐渐了解学校的一日安排。在下一阶段,将尝试在所有有一定认知能力的学生课桌旁都贴上"一日活动提示卡",让能参与学习的都参与进来,真正做到"我的日程我知道",全班同学互帮互助,形成良好的班级氛围。

在下一阶段,学校还会提高"一日活动提示卡"的操作难度。现阶段是由教师来贴第一排的当日课程,但随着豪豪能力的提升,会培养豪豪理解完整的课程表,让他能够根据课程表自己贴上当日活动提示卡的第一排所有活动。这样可以确保学生始终处于"最近发展区",能一直有所学、有所成长。

今后学校将继续改进"一日活动提示卡",让每位学生的提示卡都具有个性化特征。例如,有的学生有个训课,有的下午要提前离开参加康复训练,这些都要在"一日活动提示卡"中体现,成为适应辅读学生个性发展的"我的'一日活动提示卡'"。

总之,"一日活动提示卡"只是一个开始,班级环境的创设始终在路上。教育者要不断地观察和发现学生的需求和问题,创设和调整真正适合本班学生的环境。在班级环境中搭建好一个个帮助学生学习成长的梯子。

(上海市虹口区密云学校　金雪莲)

案例3　巧用教室组合柜,创设有效学习区
——培智学校行为问题严重班级的教室环境创设

案例背景

随着《培智学校义务教育课程标准(2016)》的有序推进与实施,在课标的"校园生活"领域,明确要求高年级段学生需要"遵守学校和团体的各项规则,初步养成良好的文明行为习惯"。同时,学校的每日行规中,也对学生做出了"友爱好"的要求。

不过,随着培智学校孤独症学生的比例日益增加,学生的行为问题日益多样,在一定程度上影响了学生正常参与学校生活和遵守各项规则。而从班主任

的班级管理出发,学生的行为问题也严重影响了日常教育教学活动的有序开展,导致班级良好氛围难以建立,学生的班级归属感不强。教师以往的口头指导与教育,对于纠正学生严重行为问题并无显著效果,许多行为干预的策略需要配合适切的环境才能有效开展。

此处以培智学校九年级毕业班为例。班级共有学生 9 人,除 1 名唐氏综合征与 1 名脑瘫患儿外,其余学生均为孤独症患儿,且障碍程度相对较严重,部分学生存在攻击性行为。班级中有 1 名学生由于长期在外地机构生活与学习,作为学校送教上门的对象,不参与日常教学活动,其余学生均正常到校学习。

由于班级学生的整体障碍程度严重,除了 1 名认知能力较好的脑瘫患儿,其余学生的认知障碍与行为问题都较严重。班级中部分学生的攻击性行为较频繁,而大部分学生又缺乏基本的自我保护能力,因此班级中会偶发不同程度的学生受伤情况。从班级管理角度出发,不论学生的障碍程度与学习能力如何,保证学生在校的人身安全是每位教师不可推卸的责任。而从教育教学角度出发,保证课堂教学质量,创设良好班级学习环境,引导班级中每一位学生参与课堂活动,更是每位教师的重要职责。

学校市级课题"新课标背景下构建培智学校'3+X'创新教室的实践研究"提出,围绕课标与学校课程理念的要求,通过创新和利用教室环境,结合有效的行为干预策略和教育教学手段,减少班级学生的行为问题,引导学生学会稳定自身情绪,参与、遵守学校和团体的各项活动与规则,从而更好地适应学校生活。这为我们提供了一个新的思路。

本案例通过巧妙利用教室组合柜,有效调整教室环境,创设更有利于班级管理与课堂教学的教室学习区,从而保证学生情绪相对稳定,进一步提升了课堂教学的有效性。

案例描述

(一) 组合柜重组,创设安全空间

伴随着学校"3+X"创新教室研究的有序开展,教室中添置了各种功能的组合柜。原先,在布置教室环境时,本着整洁、有序的原则,这些组合柜只是靠墙摆放,发挥其储物和展示的功能。教室中的"学习区"课桌椅,也只是按照传统的一人一座的方式摆放。尽管课桌椅之间保持着一定距离,这些间距并不足以起到有助课堂秩序、保证学生情绪相对稳定的效果,学生之间的互相影响依然不可避免。因此,教师开始思考如何打破传统的教室环境布局,利用新添置的组合柜进行区域设计,将组合柜的功能发挥到最大化,不局限在储物和展示,而是起到促进日常课堂教学和班级常规的有序开展的作用。

于是,教师将原先靠墙摆放的组合柜和可移动展示架重新排列组合,不拘泥于原先的"小火车"与"小汽车"图案,而是利用组合柜和展示架来做教室中的物理隔断,将原先一览无余的教室设计成了一个小小的、温馨的"两室一厅"。其中,作为"隔断"之一的展示架,一面为班级的"图书角",学生可以在课间休息时,自行到这里阅读;另一面为"学习区",用来展示、张贴相关教学内容,以便学生在课余时间进行复习巩固与拓展。而"隔断"中的组合柜,则依然起到了"生活区"与"休闲区"中生活用品、玩具等的摆放和储藏功能,组合柜作为物理隔断,放置在教室的中央位置,既便于隔断又能让两边的学生自如拿取物品,从而减少不必要的走动。

教室组合柜的设计与排列,将教室"学习区"重新规划,借助物理隔断,相对减少学生之间的互相干扰,创设一个相对安全、合理的教室环境,尽可能保障教学课堂的有效性和班级活动的有序性。在课堂教学中,由于组合柜较矮,并不影响隔断内学生的视线,教师能同时兼顾隔断两边的学生,并对学生进行巡回指导,同时不必过多担心学生突发问题行为。

尽管借助组合柜作物理隔断,可以将具有攻击行为的学生与其余学生隔离开来,互相之间保持安全距离,以保障课堂教学与班级活动的有序开展。但是,物理隔断不代表毫无联系。物理隔断,隔开的只是学生之间的安全距离,隔不断的是班级学生之间融洽、愉悦的学习氛围。师生之间、生生之间的正常互动,并不受隔断所影响。

而在课后,由于展示架"学习区"一面在"小房间"中,教师会引导"大房间"的学生至"小房间"处,带领两边学生复习巩固"学习区"上的板书。此外,组合柜中的"生活区"与"休闲区"是两边学生共同使用的,尤其是"休闲区"中的各种玩具,需要两边学生一起协商玩耍。而当班级组织各种主题活动时,教师会鼓励"小房间"里的学生共同参与,但若学生情绪不佳或拒绝意图非常明显,教师也不会强行要求他们参加,以优先保证学生情绪的稳定。

(二) 座位安排与调整,设置安全距离

教室环境重新创设后,面对全新的"两室一厅",学生的座位也必须同步调整。在安排座位时,教师会根据班级每位学生的性格特点与行为特征进行合理安排。一般来说,会将具有攻击行为的学生和缺乏自我保护能力的学生拉开一定的座位距离,或者将需要多加关注的学生座位安排在靠近班主任的位置。

班级中有两位孤独症学生存在较为严重的攻击行为,而且其攻击行为的发生有时没有任何征兆,教师难以作出准确的预判,因此,将这两位学生的座位安排在靠近走廊的"小房间",借助组合柜将这两位学生与其他学生拉开一定的距离。而在"小房间"中,为了防止两位学生之间可能会发生的互相伤害行为,教师又利用组合柜做了物理隔断,保证这两位学生之间也保持一定的距离,从而保障他们的安全。班级中其余学生的座位都安排在另一个"大房间"中,和原先一样,单独排列、一人一座。座位安排的顺序不变,程度最严重、自我保护能力基本为零的学生坐在靠窗的位置,距离"小房间"最远;而具有一定自我保护能力的学生,则坐在相对靠近组合柜的位置,距离"小房间"较近。

通过重新调整学生的座位安排,借助物理隔断使具有攻击行为的学生与其他学生保持一定的安全距离,同时给予教师充足的预防与保护时间,以防止学生之间伤害行为的发生。此外,物理隔断也能相对减少一些学生之间的互相干扰,从而在一定程度上促进课堂教学的有效开展。

(三) 学生的适应与引导

全新的教室环境与座位安排,对于学生来说需要一个适应的过程,尤其是身处"小房间"的学生,更需要教师的时刻关注与引导。

1. 循序渐进,逐步过渡

为了帮助学生逐步适应"小房间"的学习环境,结合学生以往在校的表现与行为特点,教师在"小房间"中放置了一块休息垫,当学生感到疲惫或情绪状态不佳时,允许他们坐到或躺到休息垫上,以缓解自身的不良情绪,尽可能保证学生的情绪稳定,让他们在"小房间"内感到舒适和自在,从而逐步适应新的学习环境。

2. 投其所好,稳定情绪

除了引导学生适应"小房间"这个新的学习环境,保证学生在新环境中的愉悦度也非常重要。教师会在"小房间"的组合柜中放置学生喜欢的玩具,也会请家长配合,带一些学生喜欢的物品到校,比如清清的小香水瓶、昊昊的小汽车等。通过投其所好,使学生保持相对良好的情绪,降低问题行为的发生频率。

3. 保持沟通，充分关注

不管是全新环境的过渡期，还是稳定期，教师与学生之间的沟通与关注必不可少。借助教师的主动沟通，了解学生的实际需求，尽可能避免学生由于需求得不到满足而发生的问题行为。通过时刻关注学生，掌握他们的情绪动态，帮助教师做好预判，从而能够及时采取有效的预防措施。

(四) 持续性调整不间断

当然，班级学生的情绪与能力是在不断变化的，因此学生的座位安排和教室环境创设也是动态的。

不管是"大房间"还是"小房间"，学生的座位安排在相对固定的基础上，都会根据学生的实际表现而有所调整。例如，上学期，班级中的某同学出现了往窗外抛物的问题行为，因此结合该生的这一问题行为，将其座位从原先的靠窗位置调整到了中间一排，以有效制止其错误行为的发生。同时，"小房间"的学生安排也并非一成不变。当学生的攻击行为或其他问题行为有了较大改善，或者其他学生出现了更为严重的问题行为时，教师可以酌情重新调整"小房间"的座位。

不仅如此，教室的环境创设也保持着持续性的调整。以某学期为例，有一段时间，教室"大房间"的课桌椅是并排放置的。原因在于，刚进入"小房间"的昊昊不太适应新的学习环境，经常出现故意推动组合柜的挑衅行为。因此，教师将原先单独排列的课桌椅调整为并排排列，对昊昊推动组合柜的行为产生一定的阻碍，同时给予他充分关注，并借助他喜欢的事物引导他逐步稳定自己的情绪，慢慢适应新的学习环境。经过将近 1 个月的时间，昊昊终于适应了"小房间"，并能在其中自得其乐。此后，教师再次将"大房间"的课桌椅调整回原样，继续单独排列，保持一定的间距，以保证学生之间的互不干扰。

案例 反思

(一) 伤害行为显著下降

创设全新教室环境后，最为显著的效果便是班级学生间伤害问题行为的减少。借助组合柜的物理隔断，教师能够及时阻止和预防个别学生的攻击性问题行为，从而保障其他学生的人身安全，减少受伤概率。同时，通过引导具有攻击行为学生逐步适应"小房间"的学习环境，并借助其喜欢的物品和休息垫，两位学生的情绪相较之前更为稳定，伤害行为的发生频率也大大降低，伤害行为的不良影响也显著下降。

（二）课堂活动有序开展

在全新的教室"学习区"开展日常课堂教学后，班级的任课教师们纷纷给予了好评。原先，由于班级学生障碍程度严重，任课教师在指导教学时，往往需要花费较多的精力用于学生的个别辅导。但与此同时，学生的问题行为又非常凸显，教师总是两头难以兼顾。但有了组合柜的物理隔断，教师在进行个别辅导时，就不需要过多担心学生的问题行为，可以将更多的精力投放在教学活动中，而不是维持课堂秩序上。因此，不管是教学进度上，还是学生教学内容的掌握程度上，都有了一定程度的提升。

（三）家校关系正向促进

在重新创设教室环境之前，班级学生之间经常会发生伤害行为，家长间也因此出现一些隔阂与分歧。有攻击行为的学生家长总害怕孩子在学校又闯祸；而缺乏自我保护能力的学生家长则担心孩子在校的安全问题。

因此，在重新创设了教室"学习区"后，教师第一时间将教室的全新环境拍照分享到家长群，家长纷纷表示支持。而随着学生之间伤害事件的显著减少，家长对学生的在校安全也越来越放心，家长之间的矛盾也逐渐淡化。家长与学校、家长与家长之间关系的和谐，更有助于班级管理与家校工作的有序开展。

（四）教师关注比物理阻断更重要

借助教室组合柜，创设班级有效学习区，不仅提升了学生在校教育教学活动的有效性，更有效保证了学生的在校安全，降低了学生之间伤害行为的发生频率，促进了家校之间的正向联系。值得注意的是，在安排学生座位时，不能将"小房间"与惩罚画上等号，更需做好"大房间"中学生的正确引导工作。需要明确的是，物理隔断，隔断的不是学生之间的有效互动，而是在保证学生人身安全的前提下，指导学生在教室"学习区"开展更为有效的教育教学活动，从而提升课堂教学的有效性和班级活动的有序性。班级教育教学活动的有效开展并不能完全依赖物理隔断，教师的高度关注与合理预判更为重要。

（上海市虹口区密云学校　沈雪寒）

案例 4　教室里的"涂鸦角"："绘"出"星"声
——利用教室环境重构减少孤独症学生问题行为

案例背景

　　孤独症学生具有两个核心障碍表现，一是社会交往与沟通困难，二是重复与刻板行为。在融合教育的背景下，改善孤独症学生的适应困难，是特殊教育领域的重要课题之一。尤其在培智学校，中重度智力障碍的学生因感知觉异常、认知与沟通能力明显落后，经常表现出大喊大叫、哭闹不止等问题行为。这不仅严重阻碍了学生自身获得有效的教育教学，也干扰了学校集体活动的有序进行。同时，由于孤独症学生个体差异显著，问题表征与背后成因各不相同，基层特殊学校有必要探究精准科学专业的孤独症干预与康复教育方案。

　　我们都知道，环境中的事物、人和正在进行的活动都会对孤独症产生影响。实际上，专业科学的教室环境设置对具有情绪问题的孤独症学生，能起到调节与安抚的作用。由此可见，除了课堂教学以外，教室环境作为一种重要的教育资源，也应该引起教育工作者的重视。尤其在特教领域，教师更应该巧妙智慧地利用环境，让教育与干预"润物细无声"地充分浸润渗透至学生成长的每个瞬间。

　　综上，本案例针对一名中年级孤独症学生的不良情绪行为，通过教室中物理环境和心理环境的创设，对其进行积极干预与研究，使其问题行为得到有效改善。

案例描述

　　小文，六年级（12 岁），IQ＜40，孤独症。认知及言语能力较好，课堂参与度低，不听指令；记忆力很好，喜欢不断重复常听到的话语、广告词等。小文喜欢涂鸦，画起画来犹如拷贝不走样。在整个画画过程中情绪比较稳定。

　　2019 年其爷爷突然逝世，小文开始情绪不稳，会不断重复葬礼当天的言行举止。进入青春期后，小文的情绪问题愈发严重。有时会自言自语，有时会抢他人的玩具和书本，甚至出现自残（如扇自己耳光、打头）、摔打书本、文具等行为。上课时不听老师的指令，如果被批评，会用手捂住脸，然后扇自己的耳光，继而推桌子，导致正常的班集体教学无法进行。同学们对小文也望而却步，不敢也不愿意走近他。

评估与分析

(一) 观察与评估

利用"A-B-C"行为分析法,对小文的自残行为进行分析(见表3-2),得出以下结论。

表3-2 问题行为观察记录

时间/地点	A前因	B行为	C后果	
			教师处理措施	学生反应
星期一上午第三节课 四年级教室	从专用教室回到班级教室	小文一直在喊"桂圆厅……"	1. 安抚情绪 2. 询问专用教室老师,了解到老师在讲家人相关内容 3. 打开手机,让小文观看爷爷的照片	小文逐渐停止大喊,拿起手机安静观看照片
星期三下午课间休息 四年级教室	几位同学在玩火车轨道玩具	小文突然推倒桌子	1. 询问小文原因 2. 让他扶起桌子,并把抢来的小火车还给同学,重新给他一个小火车 3. 让小文和其他学生一起玩轨道玩具	小文先是不愿意和其他人玩,观察其他同学,后来慢慢加入同伴之中
星期四中午午休 四年级教室	上课撕书,老师批评	小文不断地打自己的头,躲到教室角落	1. 问清楚原因 2. 让他把地上扫干净 3. 打扫完之后回到自己座位	小文开始不愿意打扫,在老师劝说下完成指令

(1) 表达需求:依据观察发现,小文的认知能力和语言表达能力尚可,但不大会用语言委婉表达,特别是随着年龄的增长,当他有需求时,更倾向于自己动手,想要的东西自己去拿或抢,而忽略语言的表达。

(2) 表达对亲人的思念:从小陪伴自己的爷爷去世后,小文不适应没有爷爷的生活,他无法正确理解亲人去世的真正意义,每当他问爷爷去哪里了,家人只是告诉他爷爷去天堂了。他会反复观看爷爷葬礼的录像带,对于这种行为,爸爸妈妈简单粗暴地把录像带藏起来,不让他看。

(二) 访谈与分析

班主任利用平时上下学接送孩子、家访和家长会等机会,以及日常微信沟通等多种途径,与家长就小文的行为问题进行了深入的交流与沟通,了解到小文的家庭教育中存在的问题,结合学校的观察记录,认为小文的情绪问题及行为是由多种因素共同造成的,主要包括以下几方面。

1. 溺爱的教养方式

小文属于隔代抚养,从小,爷爷奶奶对于他的需求,即使不合理,也会不顾爸爸妈妈的反对来满足。爷爷过世后,无力照顾更多的家人只要小文一发脾气,就立即用零食、电子产品等来安抚他。过于溺爱的教养方式强化了小文在学校环境中通过自残、摔打物品来表达不满与需求的问题行为。

2. 错误的表达方式

通过日常观察可以发现,小文喜欢跟同学一起玩,总是试图引起同伴们的注意。可惜的是,小文用突然发出很夸张的笑声、抢同学物品的行为、破坏物品故意拿给同伴看等等不恰当的方式来表达其沟通意愿,使得小伙伴们对他敬而远之,经常会推开他或不理他。最终导致小文的问题行为更甚。

3. 缺乏宣泄情感的途径

最爱的爷爷突然离世,小文受自身障碍影响,难以理解和表达负面情绪。而面对这个严重打击,爸爸沉浸在悲伤的情绪中,妈妈奶奶忙于维系生活,他们都忽视了对小文的情绪疏导,此外,家人收起了家中与爷爷有关的所有物品,使小文缺乏宣泄情感的途径。

4. 青春期躁动

小文爱吃零食,不爱运动,因此每逢寒暑假后,都会发胖。进入青春期后,人越来越胖,精力变得更加旺盛,情绪上也更易波动。但因为种种外因,本来就少的外出机会变得更少,小文的精力和情绪受到压抑。

综上,步入青春期的小文,受到亲人离世的打击,开始用"自残、摔打物品"的问题行为错误地表达需求与情绪,影响了他和同伴交往;同时,因为无法参与集体活动、融入集体生活并获得有效的同伴交往,又反过来使得小文的问题行为愈演愈烈,因此,亟须对小文的问题行为进行有效的干预。

干预方法 与过程

针对小文的问题行为,基于行为干预技术,通过前期的科学观察与分析,我们研究将围绕《培智学校义务教育艺术休闲课程标准(2016)》中关于中、低年级段学生"能通过正确的休闲活动,保持积极情绪;能与同伴合作开展休闲活动"的目标,通过在教室设置"情绪舒缓区"进行干预。

(一) 干预目标

在班级中创设"涂鸦角",为小文创建一个宣泄消极情绪的场所,以及与班级同学互动与沟通的机会,借助绘画活动中无意识的情感抒发,提高小文的自我认同感,达到缓和与改善情绪困扰的目的,从而逐步解决小文的情绪问题,实现集体正常学习活动的开展。

(二) 干预方案

在教室设置"情绪涂鸦角""白板墙""学生表现榜"和"成果园"等场所,意在给小文创建一个适合他的"情绪调节区"。通过绘画让其情绪得到宣泄,既富有意蕴又能承载教育的功能,促进孩子们的互动。

1. 小文的"情绪涂鸦角"

孤独症群体需要情感的表达,而涂鸦可以不通过言语表达情感,教师希望借助涂鸦中学生无意识的情感抒发,提高他们的自我认同感,达到缓和与改善情绪困扰的目的。在教室里设置专门的涂鸦角,也可以为学生提供一个个性化的独立空间(见表3-3)。

表3-3 涂鸦角个性空间

| 小文和"涂鸦角" | "涂鸦角"作品 | 小伙伴们互动的"涂鸦角" |

2. 好朋友们的"白板墙"

随着学校教室环境创设研究的逐步推进,学校为中年级段班级配备了一面磁性白板墙(见图3-14)。在白板墙上,同学们可以共同绘画,这有助于创设一个亲密的心理环境。

3. 学生"表现榜"和"成果园"

现代教育的发展要求儿童主动参与周围环境的布置,做环境的主人。环境

图 3-14 白 板 墙

的作用不光是欣赏,更在于参与,并提供学生互动的机会和平台。在教室中设置"学生表现榜""成果园",展示小文的作品,能够吸引学生关注环境,享受乐在其中的妙趣(见表 3-4)。

表 3-4 学生表现榜和成果园

学生表现榜	成果园

(三) 干预过程

1. 利用涂鸦角代替黑板和书本,有效利用教室环境

在教室设置涂鸦角,为小文提供一个专门的情绪发泄场所,让他可以随时、无意识地抒发情感。

● 阶段一:涂鸦角设置在座位旁边,增强安全感

涂鸦角设置在座位旁边,帮助小文建立安全感,增强对感觉刺激和情绪表达的反应。小文逐渐形成习惯,在涂鸦角涂涂、画画,有时是几根简单的线条,有时则是充满童趣的一幅画。在课堂上,当小文不开心或是受到批评后,他会在旁边的涂鸦角开始"创作"。

● 阶段二:涂鸦角设置在讲台旁边,增强互动性

小文逐渐地喜欢涂鸦角后,教师把涂鸦角移至讲台旁,将在涂鸦角画画变成表现良好的奖励。当小文出现情绪问题后,如果他不做出自残、摔打东西的行为,教师会奖励他在涂鸦角上涂画。

课间,小文在涂鸦角绘画时,其他小朋友会在一旁参观,有时也会拿起画笔参与其中。起初,小文还会抢别人的画笔,但在老师的正确引导下,他逐渐接受了其他小朋友的共同创作。

● 阶段三:涂鸦角重新回到座位旁边,增强自信心

在实施奖励机制后,小文逐渐明白,只有情绪稳定才能在涂鸦角安心玩耍。因此,他的情绪问题逐渐缓解。教师又把涂鸦角移到他的课桌旁边。当小文表现出良好情绪行为时,给予奖励,及时强化小文的正确行为,以最终达到干预目标。

● 阶段四:学校里的进步,立刻与家长沟通

对于小文在学校里发生的积极变化,教师在欣喜之余,也意识到仅靠学校教育是远远不够的,必须联合家长的力量,实现家校共育。一方面,教师拍摄了短视频来记录小文的变化,并分享给小文的家长。另一方面,借着家长进课堂活动,邀请家长观察小文在校的表现。

通过与家长的不断交流沟通,教师和家长达成了一致意见。家长在家中尽量改变教养方式,并在家里也配置涂鸦角,做到家校同步。

2. 利用"白板"和"成果园",有效促进学生互动

● 阶段一:展示个人作品,促进学生的自信心

在"成果园"展示小文涂鸦角的作品,老师和同学们会在作品前欣赏并给予表扬。小文听了很开心,在学校活动中更有自信,情绪问题也有所改善。

● 阶段二:好朋友团体绘画,促进集体互动

快到虎年了,午间休息时,小洪在白板上画了大红灯笼,小陈画了烟花。小朋友们在白板上集体绘画,小文画了小老虎,特别传神。无意识的班集体主题绘画活动就这样展开了,后来一有空,大家就一起在白板上画画。你一笔,我一笔,一幅很棒的画作完成了!整个过程中,学生在轻松的氛围中自由地画画,班级中逐渐形成了和谐的学习和生活氛围。

● 阶段三:展示集体作品,促进班级凝聚力

在"成果园"张贴集体绘画作品。好朋友们会在作品旁边一边仔细观察，一边激烈地讨论："这个灯笼是你画的!""那只老虎是小文画的，怎么一只眼睛大、一只眼睛小?""这样画画好有趣啊!""下次我要向小洪学习，他画的熊猫太可爱了!"……班级里的氛围既轻松又友好，进一步增强了班级的凝聚力。

干预效果

（一）家校配合，有效减少自残、攻击行为

六年级第一学期结束后，小文同学在校情绪爆发的次数显著减少。小文每一次发脾气时都是很好的教学契机，教师利用"涂鸦角"将小文情绪的调节控制在发脾气的萌芽阶段；当小文表现良好情绪行为时，给予奖励以及时强化他的正确行为。这一积极的变化也逐渐迁移到了家庭生活中。

（二）促进互动，提升主动沟通意识

不发脾气的小文逐渐受到其他同学的欢迎。他交了很多好朋友——小洪、小戚和小陈。在课外社团课程结束后，伙伴们会拉着小文一起回来，并提醒他拿好文具盒。小文会在春游时，主动和小伙们分享自己的零食和水果。在元旦运动会上，小文积极参与集体活动，与小伙伴们互相配合，得了好几块金牌!

（三）宣泄情绪，促进情感的健康发展

小文在涂鸦角和白板墙上，借助符号、线条、色彩等方式来表达自己的快乐、发泄心中的悲伤，整合情绪。小文逐渐融入班集体，感受到团体的协作能力和凝聚力，在团体中分享快乐，逐步培养社会意识，培养人际交往能力，从而提高了社会适应能力。

结论与反思

在创设班级环境时，教师应准确解读学生的需求与情感，以找到恰当的切入点，利用学生的喜好和班集体优势，发挥集体作用，实现家校共育。

（一）"物理环境"与"心理环境"共建

瑞士心理学家皮亚杰认为："在孩子的发展过程中，物质环境的经验以及社会环境的作用是一个动态的过程。"在此案例中，"情绪涂鸦角""白板墙"和"成果园"等物理环境的营造，是完成目标的切入点。亲密的心理环境的营造更是突破口，能增强小文的"安全感"、促进班级学生的有效互动。特别是"好朋友，一帮一"的形式,不但实现了小文与其他学生的互动交往,这些心理环境的创设,反过来亦促使了班级凝聚力的形成。

(二) "科学评估"与"矫正策略"并行

在发现小文的情绪问题后,教师运用科学的评估手段,正确解读了小文的问题行为,并深入了解了小文的家庭教育中存在的问题,继而找出青春期后小文"自残、摔打东西"等问题行为背后的原因,制订了相应的策略。

在整个干预过程中,有时教师必须与学生保持僵持,坚定立场,一步一个脚印,直至小文发生改变。另外,根据学生情况,随时调整"矫正策略",当小文表现出良好情绪行为时给予奖励,以及时强化他的正确行为。

正是因为"科学评估"与"矫正策略"的并行,才真正科学、有效地解决了小文的问题情绪行为。

(三) "学校教育"与"家庭养育"共赢

对特殊学生而言,家庭教育对其产生的重要影响是学校教育无法替代的。同时,家庭教育是学校教育的必要延伸。因此,只有家长积极配合学校教育,树立正确的教育理念,才能实现"学校教育"与"家庭养育"的共赢,让孩子在良好的教育环境中健康成长。

为孤独症学生创设适合他的"物理环境"和"心理环境",这一做法完美诠释了"以学生为本"的现代教育理念。这样的班级让环境会"说话",让有情绪问题的学生在多姿多彩、灵动的环境中重新演绎童真!

(上海市虹口区密云学校　张宁)

案例5　创设"芽芽学语"阅读角,争做故事点播员
——"休闲区"里养成的规则意识

案例背景

《培智学校义务教育生活语文课程标准(2016)》明确提出,生活语文学科的总目标是提高学生适应生活的语文素养,培育热爱祖国语言文字的情感。在阅读学习领域,学生须具备初步的阅读能力和阅读兴趣,能阅读简单的绘本或儿童文学作品,并对阅读绘本或图书有一定的积累。尤其是在低年级段,课标要求学生对书感兴趣,能模仿成人的样子看书;能以基本正确的姿势阅读;能阅读背景简单的图画并理解大意;愿意阅读,感受阅读的乐趣。

在培智学校中,学生存在较为明显的个体差异。班级中,一部分学生认知能力较强,有较强的阅读兴趣,不仅能够独立阅读书籍,还会分享好事好物。而另一部分学生,其认知水平较弱,存在较为严重的言语障碍,且缺乏沟通意愿,不愿与他人互动交流。

根据《培智学校义务教育艺术休闲课程标准(2016)》的要求,学校应尊重学生的个体差异,关注学生在生活环境、兴趣爱好等方面的不同需求,提高其生活质量。因此,本案例通过创设休闲区阅读角"芽芽学语",有效调整班级环境布置,以满足班级不同类型学生的实际阅读需求和课标要求。

案例 实施

(一) 给阅读角起一个响亮的名字

刚入校的一年级新生,犹如一棵棵刚发芽的小树,不管是在学习还是生活方面,还无法做到自主管理,需要通过不断学习与积累,才能逐步适应学校生活,最终茁壮成长为枝繁叶茂的大树。因此,教师将阅读角的主题设定为"芽芽学语",主题背景墙设计为一棵不断成长,历经发芽、开花、结果的大树。同时,为了提升学生的读书体验,在阅读角铺上了软垫,打造了一个舒适的阅读坏境,使学生更愿意来到这里,感受读书的乐趣(见图3-15)。

图3-15 "芽芽学语"阅读角

(二) 制订阅读规则,规范学生读书习惯

每天中午午饭后为班级每日阅读时间。但由于班级中学生日常阅读习惯较为欠缺,经常会出现损坏、丢失书本的情况,不仅如此,班级大部分学生的阅读姿势不佳,总是趴着看书,没有养成正确的用眼习惯。为了帮助学生养成良

好的阅读习惯,教师有针对性地制订了五条规则:安静阅读,爱惜图书,爱护眼睛,动脑思考,放回原处。这些规则以图文结合的形式展现,以方便学生理解(见图3-16)。

(三)创设评价的机制

1. 制定阅读角评价手册:"芽芽存折"

使用方法:学生愿意进入阅读角开始阅读时,便能得到一颗星;在阅读过程中能遵守阅读规则,阅读结束后可以再获得一颗星;阅读时帮助他人,可以额外获得一颗星。但是,若在阅读时出现争抢书籍、损坏书籍或未将书籍放回原处等情况,将扣除一颗星,最后记录学生"芽芽存折"上的星星总数。作为该班级的生活语文课程教师,在课堂上同样可以根据学生的表现,给予星星奖励,作为鼓励(见图3-16)。

图3-16 图文并茂的阅读规则　　图3-17 "芽芽存折"

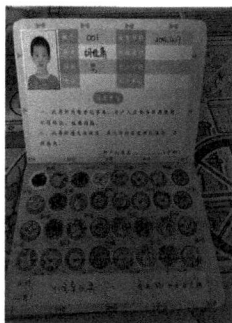

2. 设计个性化奖励模式:故事点播员

基于班级学生较好的认知水平和强烈的阅读兴趣,学生不仅喜欢自己阅读,更喜欢听老师给他们讲故事。在每月底"芽芽存折"的星星数结算完之后,教师会让星星数量最多的一位学生担任"小小点播员",在"芽芽学语"阅读角挑选一本自己喜欢的书,上台朗读给同学们听。对于存在言语障碍的学生,既可以由老师为他们进行阅读,也可以让学生自行选择自己的小伙伴代为朗读。由此,不仅星星数量最多的学生完成了自己"小小点播员"的心愿,班级其他学生也能从中受益,从而激励全班学生人人争做"小小点播员"(见图3-18、图3-19)。

图 3-18 教师朗读 图 3-19 学生朗读

(四) 实施过程

1. 书籍的选择

(1) 学生自主选择:该类型的书籍主要由学生自己从家中带来,以学生喜爱的童话故事、经典绘本为主。每月初,教师会与家长进行沟通,帮助学生选择适宜的书籍带到学校,并以月为单位进行更换。

(2) 结合单元学习:教师根据每月生活语文、生活数学、生活适应三门学科不同的主题单元内容,选择相对应的主题书籍作为当月阅读角的书目。

例如,若当月的学科主题单元内容围绕"手"展开,教师会选择互动手偶书作为当月书目。在阅读时,学生可以将手伸进动物手套中,针对书籍的内容进行互动。在这个过程中,学生不仅可以巩固课堂中所学习到的"手"的作用,也能切实感受到手偶书带来的不同阅读体验(见图 3-20)。

图 3-20 互动手偶书

2. 规则的学习

在学生正式进入阅读角开展读书活动之前,教师会先引导学生学习阅读规则,并在阅读过程中不断督促与纠正。同时,为了让学生更好地遵守阅读规则,教师结合大队部的要求,设立了"图书管理员"这一岗位,推选班级中最喜爱阅读的学生担任,负责监督其他学生正确遵守阅读规则。

以规则"放回原处"为例:教师陪同学生共同阅读时,先问学生如何将书本放回原处,并引导学生模仿该行为,师生做到共同遵守规则。当出现学生忘记将书本放回原处的情况时,"图书管理员"会进行提醒并督促该生将书本放好。

3. 阅读的不同形式

(1)教师引读:在阅读角设立初期,教师带领学生来到阅读角,选择一本与学科内容相关的读物,由教师读给学生听。在引读的过程中,教师可以适当地将课堂所学融入其中。这不但激发了学生的阅读兴趣,更提升了他们的倾听能力,同时还能有效巩固课堂所学。

(2)学生自读:学生可以自行选择自己喜爱的书籍,不局限于书籍的类别。在阅读的过程中,鼓励学生之间进行良性互动,口语能力较好的学生可以为口语能力较弱的学生朗读,既锻炼了能力较强学生的语言表达能力,又能帮助能力较弱的学生感受到阅读的快乐,从而建立了良好的班级阅读氛围。

案例 成效

(一)学生规则意识逐步增强

经过一个学期的努力,学生在"阅读角"的规则意识有了显著提升。从最开始需要老师反复提醒"爱惜图书""放回原处"等规则,逐步改善为每次阅读完书籍之后,基本能做到主动归还和整理,能力较强的学生还能适时提醒他人遵守阅读规则。当然,学生规则意识的提升不单体现在"阅读角",其在"休闲区"其他区域活动的规则意识也在同步增强。

(二)学生阅读能力有效提升

通过每日"阅读角"的读书活动,结合生活语文课堂学习中的阅读练习,学生的综合阅读能力有了显著提升。大部分学生已形成基本正确的阅读姿势,在朗读课文方面,学生能够正确且连贯地朗读词语或句子。遇到不认识的字,学生会尝试先对照图片来理解,从而更好地了解课文大意。同时,在与家长沟通时也发现,学生在家中更愿意表达自我,与家长分享在学校的读书生活,语言表达能力也有了很大进步。

(三)学科知识有效拓展与延伸

根据生活语文、生活数学和生活适应三门学科单元教学内容,"阅读角"添置了许多与学科内容相关的阅读书籍。在长时间的阅读过程中,学生对学科知识的掌握较之前更为扎实,学习兴趣也大幅提升。而学生在阅读的过程中,也将课堂上的学科知识自然延伸到了日常生活中,达到了更好的教学效果。

(四) 班级良好氛围初步显现

通过参与"阅读角"的读书活动,师生之间、生生之间的良性互动大大增强。以班级中一位言语障碍学生为例,他刚来学校时不肯开口说话,难以参与课堂互动,也不愿与同学交流。但随着"阅读角"的活动日益丰富,在老师与同学们的鼓励下,该生逐渐愿意参与到"阅读角"的活动中。学期过半时,该生变得外向许多,言语障碍严重的他在"阅读角"活动时,愿意借助肢体动作或言语与同学沟通交流,虽然口齿依然不清,但对他来说已有了显著的进步。互帮互助、协同合作的活动过程,不仅增强了师生、生生之间的友谊,也让大家的集体意识变得更强,班级已经初步形成了一个良好的学习与互动氛围。

案例反思

班级"休闲区"之"阅读角"的环境创设,不仅提升了学生的阅读兴趣和阅读能力,同时也促进了师生和生生之间的互动,增加了学生有效学习的时间,进一步增强了学生生活语文学科的学习效果。

当然,"阅读角"中学生自主选择的书籍离不开家长的支持与配合,但是学生阅读能力的培养不能局限于学校环境,家庭阅读氛围的创设同样重要。教师引导学生在校阅读的同时,也要指导家长陪伴学生进行亲子阅读。借助家校合作,共同助力学生阅读能力的培养和提升。

(上海市虹口区密云学校　赵懿佳)

案例6　教室里的"圆圆圈圈",帮助低年级智障学生遵守"规则"
——"X"区里的低年级学生行规教育

案例背景

培智学校学生由于认知能力落后,普遍表现出适应困难。尤其是刚入学的一年级新生,由于年龄小,身心发展迟滞,进入陌生环境时普遍表现出严重的适应问题。除此之外,培智学校中重度智障儿童的个体差异显著,在他们适应困难的背后,还存在着各不相同的诱因与表现方式。因此,在一年级开学初期,教室里常常会出现混乱不堪,哭闹声此起彼伏,学生擅自离开座位与教室,课堂教学难以开展的困境。

与此同时,《培智学校义务教育课程标准(2016)》明确提出低年级段学生要达到"遵守纪律,养成基本的学习习惯"的教育要求,低年级的学生适应学校、课堂是日后学习的第一步。因此,针对班级学生情况,本案例将从"教室环境"入手,探究有效的行为干预策略和教育教学手段,以减少低年级段班级学生的行为问题,引导学生学会稳定自身情绪,参与、遵守学校和团体的各项活动与规则,从而更好地适应学校生活。

案例描述

(一) 班级概况

这个班级由培智学校一年级新生组成,共有学生 9 人,其中 4 名为脑瘫患儿,其余 5 名均为孤独症患儿。班中大部分学生入学之前在幼儿园只上学半天,对于学校环境与生活几乎无认知。因此,基于课程标准,初步知晓学校与课堂规则,从而基本适应学校生活与课堂学习,是现阶段班级学生发展的核心目标。

(二) 学生行为问题

开学后,由于对学校和环境不熟悉,学生基本处在情绪失控状态,无法与老师和同学建立平静的沟通,常常无故大声哭闹、喊叫、跑出教室,甚至会攻击同学。例如,刚开学时,班级中的于同学一到上课时间就开始哭闹,即使老师走近安抚,他仍一边哭闹一边在教室里跑动。更严重的是,班级里的其他同学也易受到干扰,小于同学一哭,其他同学也跟着哭了起来,严重影响了课堂教学的正常开展。

(三) 行为问题干预

1. 成因分析

孤独症学生具有明显的刻板行为,且感知觉异常,往往在进入陌生环境时产生明显的不安体验。通过观察与分析,教师发现学生的哭闹主要源于他们初次进入学校环境,面对陌生的老师和同学所感受到的恐惧与不安。

基于这一分析,教师尝试在教室中添置几个彩色的"呼啦圈",借助改变环境来帮助这些特殊的小朋友获得内心的熟悉感,从而减轻他们内心的恐惧和陌生。

2. 干预实施

(1) 阶段一:圆圆圈圈里的"冷静区"。

最简单的改变环境的方式就是选择具有一定规则性且能够让学生感到熟悉的器材来辅助他们进行环境的适应。在这个过程中,教师选择的辅助性器材是呼啦圈。

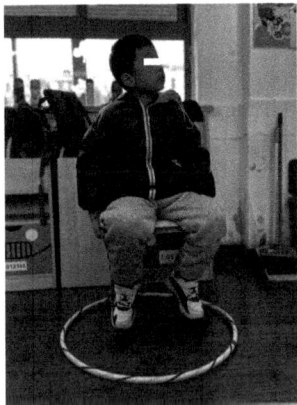

图 3-21 呼啦圈建立的 "冷静区"

当学生出现无法控制的情绪问题,无法进行正常沟通时,教师会将他们带入准备好的呼啦圈中坐好,并反复告诉他们:"如果你感觉舒服了,不想哭了,就自己回到上课的位置。"在呼啦圈干预教学上,教师主要希望借助呼啦圈来为学生建立一种源自内心的规则感(见图 3-21)。

面对这些特殊的学生,借助语言沟通达到教育的目的很难。因此,我们只能通过设定某种行动,让学生知道,如果在自己的生活和学习中不能很好地遵守规则,他们将面临被限制的后果。在教室中设定呼啦圈,就是为了应对学生出现情绪无法控制时的情况。当老师已经无法通过劝说使学生归于平静时,就会带着他们到呼啦圈——冷静区中。当学生一出现此类问题,教师就会反复这个过程。这个行为训练方式一是能让产生情绪问题的学生冷静下来,让他们在呼啦圈中进行情绪的自我调节。二是能对全班学生进行保护,避免出现安全隐患。长此以往,这种规则感被建立以后,当学生再次面临情绪不受控制的情况时,他们会自觉前往"冷静区"进行情绪的管理,并在情绪有所缓和后,重新回到自己的座位上。这样的管理方式看似是教师对学生行为的限制,但在某种程度上,也是对学生的一种保护。当学生已经在潜意识中建立起"冷静区"的意识,他们就会逐渐养成情绪自我控制的能力,从而避免在情绪管理失当时对自己或是其他的小朋友造成伤害。

(2) 阶段二:圆圆圈圈"排好队"。

尝到了呼啦圈建立"冷静区"的甜头后,教师还希望借助呼啦圈在教室里帮助学生养成遵守秩序的习惯。

在以往的活动中,我们发现,特殊学生作为多动的个体,管理起来非常困难。蹦蹦跳跳展示他们活泼的一面的同时,也给教师的管理造成了很大困扰。在教室里使用呼啦圈的目的是帮助他们限定活动的区域。因为一年级新生不需要参与课间大活动,但为了让他们适应二年级时参加课间大活动,在教室中教师首先将七个圈排列整齐,每个学生都有自己的一个圈,在这个圈中活动时,要通过最大努力让他们成为一支队伍。在其他年级进行课间大活动时,学生也会在教室排列好的七个圈里排好队,并根据体育老师的口令进行课间操训练。当他们每天在呼啦圈中进行排队练习时,实际上已经在逐渐养成秩序感。学生们逐步学会在排队过程中如何正确站立,并具有一定的稳定性,学会不再乱跑。这样,在进入二年级时,他们在参加学校活动时,面对操场能够在潜意识中知道自己不能到处乱跑,能够明确自己所在的位置,控制与同学之间的距离,并且通过训练快速地与其他年级同学一起参与课间大活动。

小小的呼啦圈蕴含着教师在学生管理过程中的"大"智慧。这一过程反映的是我们作为教师不断探究和深化学生管理的努力。面对特殊教育的孩子,我们既要给予他们比正常孩子更多的关心和照顾,同时也需要对他们更加严苛。因为,作为教师,我们和他们的父母一样,希望他们能够具备更多的能力去面对正常的生活。于是,我们才要在他们成长的过程中不断锻炼他们。当然,还有非常重要的一点,就是作为特殊学校的教师,我们面对的孩子比较特殊,他们在情绪上非常容易产生波动,因此,我们要在工作和生活中时刻注意保持冷静的情绪状态,为孩子们树立良好的榜样,让孩子们也能够学会在遇到问题时保持冷静。这样一来,我们也在无形中教会了那些不懂得表达和控制情绪的孩子们如何更好地进行自我情绪的管理。

案例反思

借助本篇文章的研究,我们深入了解了如何才能更好地推进特殊教育新生顺利适应学校,开启他们重要的人生教育阶段。从运用呼啦圈为学生培养规则感、秩序感和空间感,到潜移默化地锻炼学生的情绪和行动自我控制能力,这一过程需要不断地尝试和探索。而教师作为这个过程中的第一责任人,必将在实践中不断进行探索和实践,让接受特殊教育的学生更好地感受到教育的力量和来源于教育的温暖。

(上海市虹口区密云学校 张绮璆)

三、"3+X"创新教室运用至课堂教学之优秀教学设计案例

以下是我们将"3＋X"创新教室运用至课堂教学中获得的优秀教学设计案例 3 例。

案例1　三年级下册生活适应
——我不乱花钱

（一）教材分析

《培智学校义务教育生活适应课程标准(2016)》指出,生活适应课程旨在帮助学生了解基本的生活常识,掌握必备的适应性技能,养成良好的行为习惯,形成基本的生活适应能力及良好的品德,成为适应社会生活的公民。其中,在家庭责任方面,课标要求低年级学生达到"认识人民币,建立初步的健康消费意识"的家庭生活目标,这也正是学生在三年级部编教材中需要学习的一项家庭责任方面的内容,对应《培智学校义务教育实验教科书:生活适应(三年级下册)》中的第 6 课。

1. 解构单元目标

本单元共有"分担家务活""我不乱花钱"和"远离居家安全隐患"3 个教学内容。单元核心目标包括:具有初步的(家庭)环境维护和安全意识;建立初步的健康消费意识。教学内容主要集中在家庭责任和居家安全两方面,在学生了解基本生活常识、掌握简单适应性技能的基础上,进一步提升其生活适应能力。

1) 注重跨学科融合教学,稳步提升生活常识与技能

生活语文、生活数学和生活适应学科新课标配套的部编教材前三个单元的设计与划分完全一致,都是按照"学校生活""个人生活"和"家庭生活"的教学进度展开的。以"家庭生活"为例,三本教材中都有和人民币相关的教学内容,生活语文的课题为"存钱罐",生活数学的课题为"认识人民币(一)",而生活适应的课题则是"我不乱花钱"。因此,尽管"我不乱花钱"是生活适应家庭责任方面全新的内容,但依然可以借助学科之间的融合研讨,更为精准地设定教学目标与活动。

2) 注重日常生活经验积累,提高学生生活质量

围绕课程标准"建立初步的健康消费意识"这一目标,本单元教学内容紧密联系学生的生活实际,关注他们在学习、成长和生活中遇到的实际问题,并有针对性地设计教材内容。以"我不乱花钱"为例,在日常生活中,购物是学生经常能体验到的一种生活经历,学生对此并不会感到特别陌生。但大部分学生不会独立购物,而且随着数字化购物的日趋普及,学生对现金的认识会存在一定的局限性。因此,除了开展集体课堂教学外,教材中还会要求家长陪伴孩子实际体验现金支付的过程。这种方式注重学生日常生活中的经验积累,从而更有效地提升学生的生活质量。

3) 注重实践与探究,提升生活适应能力

围绕生活适应课的"实践性",以及课标对低年级段学生在"家庭生活"领域家庭责任方面的目标,教学形式应服务于内容,符合学生的生活经验、个性特征和学习方式等,注重实践与探究,避免脱离实际和形式主义。本单元中的"我不乱花钱"教学内容,需要教师借助实物观察与对比、信息化任务单、游戏探究与体验等多种教学活动加以指导。学生只有在反复观察、分组探究的过程中,才能切实认识不同的人民币。同时,教师还要创设一个适宜的学习情境,帮助学生进行体验与实践,发展他们解决生活实际问题的能力,从而逐步提升生活适应能力。

2. 梳理课时目标

基于单元目标,"我不乱花钱"共分为 3 课时,本节课为第 1 课时,各课时教学目标如表 3-5 所示。

表 3-5 "我不乱花钱"课时安排

课时	教学内容	教学目标
第1课时	认识人民币	1. 认识人民币的材质、形状,能正确区分纸币和硬币 2. 知道不同面值人民币的颜色、图案、大小等特征,并发现人民币的样式是在不断变化的
第2课时	使用人民币	1. 知道人民币的主要用途 2. 学会合理使用人民币,不乱花钱
第3课时	保管人民币	1. 知道1~2种保管人民币的方法 2. 初步养成不乱花钱的好习惯

（二）生情分析

学校三(1)班共有学生 6 人,其中男生 2 人,女生 4 人,IQ＜40。6 名学生中孤独症患儿 2 名,其余学生均为智力障碍,其中 1 名学生还伴有听力障碍。

1. 学习基础

1) 三大领域能力评估结果分析

（1）认知能力评估。

经认知能力评估发现,班级日常到校学生在"5.1 具体概念学习"维度中,"5.1.2 能认识基本的颜色"和"5.1.3 能认识钱币,如元、角"这两个评估项目的测评结果如表 3-6 所示。

表 3-6　认知能力评估项目测评结果

学生	评估结果	
	5.1.2　能认识基本的颜色	5.1.3　能认识钱币,如元、角
宋	2	1
王	1	0
忻	1	0
谢	1	1
龚	2	1
胡	0	0

注:计分标准为完全不具备该项目所描述的认知能力计 0 分;部分具备该项目所描述的认知能力计 1 分;完全具备该项目所描述的认知能力计 2 分。

由表 3-6 可知,除了 1 名能力最弱的孤独症学生外,其余学生都能认识基本的颜色,其中有 2 名学生可以指认 5 种以上的颜色。但在认识钱币方面,有近一半的学生不能正确指认任何一种钱币,而另一半学生则能正确指认部分钱币。

（2）感知能力评估。

经感知能力评估发现,学生在"1.3 形状"和"3.1 物体表面属性"两个维度中,"1.3.2 区分基本平面图形"和"3.1.2 区分物体软硬"这两个评估项目的测评结果如表 3-7 所示。

表3-7 感知能力评估项目测评结果

学生	评估结果	
	1.3.2 区分基本平面图形	3.1.2 区分物体软硬度
宋	3	3
王	1	2
忻	2	3
谢	2	2
龚	3	3
胡	0	1

注:计分标准为完全不具备该项目所描述的认知能力计0分;具备基础的感知能力计1分;具备一定程度的感知能力计2分;具备完整的感知能力计3分。

由表3-7可见,除了2名孤独症学生对图形的感知能力较弱外,其他学生普遍都能区分常见的平面图形。而在区分物体软硬度方面,只有1名学生不能区分,但能配对,其余学生都能区分2~3个等级的软硬度。

(3)社会适应能力评估。

通过社会适应能力评估,学生在"2.4家庭规则"和"4.5社区事务"两个维度中,"2.4.3不随便拿家里的钱物"和"4.5.2能独立购买简单的物品"这两个评估项目的测评结果如表3-8所示。

表3-8 社会适应能力评估项目测评结果

学生	评估结果	
	2.4.3 不随便拿家里的钱物	4.5.2 能独立购买简单的物品
宋	2	1
王	1	0
忻	2	0
谢	2	0
龚	2	0
胡	1	0

注:计分标准为不具备该项目所描述的社会适应能力计0分;部分具备该项目所描述的社会适应能力计1分;完全具备该项目所描述的社会适应能力计2分。

由表3-8可见,班级中,大部分学生都能做到不随便拿取家里的钱物,但只有一名学生曾在熟悉的场所独立购买糖果,其余学生均没有独立购物的生活体验。由于以上评估项目范围有限,内容不够具体,因此还需针对本课时的教学内容,对学生开展更有针对性的课前评估。

2) 课前评估

课前,针对"认识人民币"这一教学内容,对学生开展课前学习基础的评估(见表3-9)。评估表中,"√"表示学生已知晓和了解人民币的该特征,并能正确区分纸币和硬币,"×"表示学生不认识与了解人民币该特征,并无法正确区分纸币和硬币。

表3-9 三(1)班学生本课时学习基础

学生	学 习 基 础						区分纸币和硬币
	人民币特征						
龚	形状	√	颜色	√	图案	×	√
	触感	×	面额	硬币×	文字	×	
宋	形状	√	颜色	√	图案	√	√
	触感	×	面额	√	文字	×	
忻	形状	√	颜色	×	图案	×	√
	触感	×	面额	硬币×	文字	×	
谢	形状	纸币×	颜色	√	图案	×	√
	触感	×	面额	硬币×	文字	×	
胡	形状	×	颜色	×	图案	×	×
	触感	×	面额	×	文字	×	
王	形状	×	颜色	×	图案	×	×
	触感	×	面额	×	文字	×	

2. 学习特质

尽管已对学生的学习基础进行了清晰评估,但班级学生的课堂表现差异性依然很大。因此,在开展课堂教学时,必须将学生的课堂表现一并考虑在内(见表3-10)。

表3-10 三(1)班学生课堂表现

学生	课 堂 表 现
宋	认知能力相对较好,动手能力较强,具备基本的生活常识与技能,课堂上能听懂老师的指令与提问,并积极发言,但口齿不太清晰
忻	认知能力相对较好,动手能力较强,具备基本的生活常识与技能,能主动发言,并回应老师的指令与提问,口齿清晰
谢	认知和精细动作能力都较一般。课堂参与性很好,回答问题非常积极,但回答时喜欢模仿他人,欠缺一定的独立思考能力
龚	认知能力较好,精细动作能力稍弱,具备基本的生活常识与技能,无口语,但是可以借助指认、动作等进行肢体表达
胡	认知能力较差,无言语,缺乏基本的生活常识与技能,上课注意力不集中,但基本能够听从教师指令,并在教师的提示和帮助下指认与练习
王	认知能力较差,缺乏基本的生活常识与技能,上课注意力不集中,不会主动参与课堂互动,但基本能够听从教师指令,愿意在教师的提示和帮助下指认与练习

3. 座位安排

本节课的学生座位安排如图3-22所示,根据学生课前评估结果,将学生异质分组,以3人为一组开展课堂教学活动。其中,将能力最弱的两名学生安排在教师正前方,以便时刻给予关注和指导,帮助其充分参与教学环节。

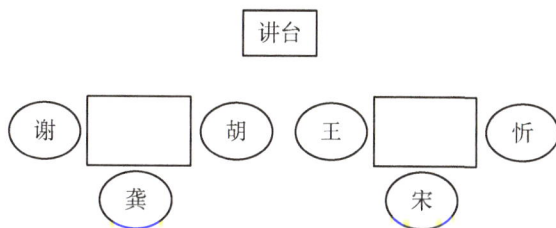

图3-22 座位安排

(三) 教学亮点

1. 分组探究与实践,创设自主学习氛围

整堂课借助学生熟悉的兰兰引入购物情境,激发学生想要和老师一起用人民币购物的兴趣,从而开始认识人民币。在认识人民币的过程中,借助"看一看、摸一摸"等观察方法,引导学生自主发现人民币的形状、触感等特征。通过异质分组探究,指导学生在合作的过程中,主动发现"人民币上有什么?"同时,找到不同面额,甚至是不同版本人民币之间的区别。

班级学生本就学习氛围浓厚,课堂气氛活跃。因此,通过适当的教师指引和视觉提示,指导学生分组实践完成相应学习任务的同时,学生能自主发现并全面认识人民币的特征和区别。而在探究的过程中,还能实现小组成员之间的良性互动,在原有课堂氛围的基础上,创设更为自主的学习氛围。

2. 信息化学具辅助,突破教学重难点

学生在日常生活中虽然有时能接触到人民币,但在课前评估时也了解到,学生对人民币的认识存在较大的局限性。人民币上的元素非常丰富,涵盖了颜色、形状、数字、文字和图案,对于比较简单的元素,如颜色、形状等,学生能够通过观察实物进行识别;但对较为复杂的元素,如数字、文字和图案,大部分学生单纯借助实物则无法发现与理解。

为了突破该教学重难点,教师借助平板学具实现观察学习。提前将人民币样图制作成希沃课件,以便学生能够在平板上完成相应的学习任务。在观察的过程中,相较于实物观察,学生可以用手指将图片放大,从而更便于发现人民币上的特征。不仅如此,借助希沃的投屏功能,将学生小组观察成果清晰地投放在屏幕上,更有利于学生间的分享与评价。

3. 人民币知识拓展,渗透爱国教育

本节课的"分组探究　拓展学习"环节,在学生集体认识人民币基本特征的基础上,分组探究不同面额、不同版本人民币之间的区别,从而发现除了颜色、大小不同外,人民币上还有不同的花和风景,人民币的样式是在不断变化的。

当学生发现了人民币上不同的花和风景后,教师借助剪辑视频引导学生初识这些具有代表性的花与风景,共同在人民币上领略祖国的大好河山与秀丽美景。这不仅帮助学生拓展认识人民币上图案的深远意义,更将人民币也是"国家名片"的概念自然渗透到学生的意识中,从而帮助他们逐步养成爱护人民币的好习惯。

表3-11为"我不乱花钱"第1课时小结。

表 3–11 "我不乱花钱"第 1 课时

教学总目标	1. 认识人民币的材质、形状,能正确区分纸币和硬币(见图 3–23) 2. 通过观察与比较,知道不同面值人民币的颜色、图案、大小等特征,并发现人民币的样式是在不断变化的 3. 借助人民币感受祖国的大好河山,初步形成热爱祖国、爱护人民币的意识
分层目标	1. 龚:能独立表达人民币的材质和形状,正确区分纸币和硬币,主动说出人民币面额、颜色和图案的特征,并在提示下指认出不同版本人民币的 1～2 个区别 2. 宋:能正确说出人民币的材质和形状,独立区分纸币和硬币,主动说出人民币面额、颜色、图案和文字上的特征,并指认出不同版本人民币的 2～3 个区别 3. 忻:能简单描述人民币的材质和形状,正确区分纸币和硬币,在提示下说出人民币的面额、颜色和图案,同时指认出不同版本人民币的 1 个区别 4. 谢:能在提示下说出人民币的材质和形状,正确区分纸币和硬币,并在同学的帮助下说出人民币的面额、颜色和图案,知道人民币在不断变化 5. 王:能跟着老师复述人民币的材质和形状,在提示下正确区分纸币和硬币,并在同学的帮助下说出人民币的颜色和数字 6. 胡:能在辅助下指认纸币和硬币,并愿意配合观察、触摸人民币,不排斥
教学重点	1. 认识人民币的材质和形状 2. 知道不同面值人民币的颜色、图案、大小等特征
教学难点	1. 正确感知纸币和硬币不同的材质特征 2. 能指认出新版和旧版人民币的区别,从而发现人民币的样式在不断变化
教学准备	1. 多媒体课件:认识人民币的 PPT 2. "互动式板书":人民币样图学具、分类框 3. 实物教学具:新版不同面值人民币 2 套;旧版不同面值人民币 1 套;零钱包 1 只;纸币分装袋 6 个;橡皮泥 1 块;抽纸 1 包

第 1 课时

教学环节	教师活动预设	学生活动预设	设计意图
情境引入激发兴趣	一、情境导入 (展示短片:兰兰和妈妈购物结账) 1. 看一看:情境短片,描述画面中的人物、行为和场景。 2. 想一想:妈妈用什么结账?(人民币) 二、揭示课题 揭示课题并出示板书,带领学生读课题	龚、宋、忻:能主动说出短片中的情境,并发现人民币。 谢:能认真观看短片,并跟随同学说出画面中的场景。 王、胡:安静观看短片。 齐读、个别读课题	借助情境短片,引导学生观察画面中的人物、行为和场景,激发学生学习兴趣,从而引入本课主题

教学环节	教师活动预设	学生活动预设	设计意图
实物教学 分组探究	一、初步感知:材质和形状 (出示课件与实物:纸币和硬币) **看一看,说一说:形状** 引导学生观察人民币样图,说出纸币和硬币的形状(硬币:圆圆的;纸币:长方形的) **听一听,摸一摸:材质** 指导学生观察人民币实物,说出纸币和硬币的材质(硬币:硬硬的;纸币:薄薄的) 教师小结:纸币和硬币都是人民币。 二、探究小分队:人民币上有什么? 1. 学生异质分组,分发小组任务单 2. 分组探究纸币和硬币,合作互助,共同完成任务单,并进行分享 3. 教师小结:人民币上有面额、毛主席头像、国徽图案、"中国人民银行"的字样、发行年份和祖国美丽的风景与花卉	龚、宋:主动观察人民币样图和实物,正确说出材质和形状。 忻、谢、王:借助课件指引说出人民币的形状,并在认真观察后,经提示简单描述材质。 胡:能配合观察、触摸人民币,不损坏。 龚、宋、忻:积极参与观察,能自主发现人民币上的图案、面额等特征,在提示下发现文字,并愿意分享。 谢、王:认真参与观察,并在同学提示下说出人民币上有面额和图案。 胡:能安静观察人民币,愿意触摸人民币	通过多种感官体验,引导学生观察人民币,发现纸币和硬币材质、形状的不同,从而帮助学生正确认识人民币。 通过探究观察与教师归纳,帮助学生找出人民币上的图案、面额和文字,从而全面认识人民币的特征
拓展学习 游戏助力	一、知识拓展:人民币中找不同 1. 初级挑战:不同面额人民币的区别 (1) 引导学生观察与比较人民币实物,自主发现其颜色和大小上的不同 (2) 播放视频提示,发现人民币上鲜花和风景的不同 (3) 教师小结:不同面额的人民币,颜色、大小和图案都略有不同,人民币里藏着祖国的大好河山	龚、宋:认真观察,能独立完成初级挑战,并经提示发现新旧版本人民币的2~3个区别。 忻、谢:认真观看视频与图片,能正确识别不同面额人民币的颜色,在提示下知道图案有所区别。 王:能在陪伴下观察,并按要求指认出相应面额的人民币。 胡:能安静观看视频与图片,对人民币不排斥。	通过拓展挑战,引导学生发现不同面额人民币与新旧版本人民币的不同。从这些区别中初步感受人民币的变化,并在观察过程中做到爱护人民币

(续表)

教学环节	教师活动预设	学生活动预设	设计意图
	2. 终极挑战:相同面额人民币的区别 (1) 观察同等面值、新旧版本人民币实物,指导学生发现区别 (2) 展示多种版本人民币图片,初识人民币的变化 (3) 教师小结:人民币的样式会随时间的变化而改变 二、游戏体验:人民币小管家 (出示人民币实物) 1. 引导学生正确找到、整理硬币 2. 指导学生按照面额将纸币分类、整理好 3. 教师小结,学生互评,代币奖励	龚、宋:能将大面额纸币分类、整理好,并帮助同学区分硬币。 王、胡:在帮助下正确找到硬币,并放入零钱包。 忻、谢:能将小面额纸币分类并整理好。	根据学生认知能力差异,设计阶梯式游戏难度,帮助学生巩固认识、整理好人民币,做好外出购物准备
总结	1. 教师总结、归纳 2. 布置个别化练习	A生回答 B生复述	

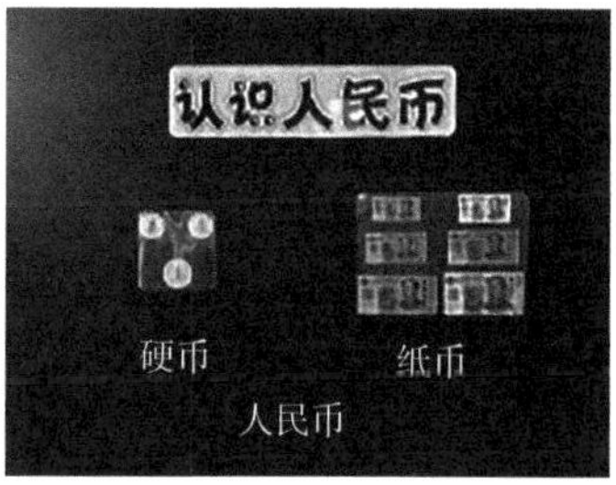

图 3-23 认识人民币板书

练习:区分纸币和硬币,指认不同面额的人民币,并简单描述特征。
龚、宋:将家中的纸币和硬币归类整理好,放入自己的小钱包中,并向家人介绍人民币的特征,找出不同版本的人民币,说说区别。
忻、谢:区分家中的纸币和硬币,在家人的陪伴下指认不同面额的人民币,说出2~3个特征。
王:在家人的提示下区分纸币和硬币,并在辅助下指认出人民币上的1~2个特征。
胡:在家人的陪伴下愿意指认纸币和硬币。

上海市虹口区密云学校 沈雪寒

案例2　三年级下册生活语文
——存钱罐

（一）教材分析

"存钱罐"一课见培智学校义务教育实验教科书《生活语文》三年级下册的第7课，属于第三单元"家庭生活"。

《生活语文课程标准》提出，"生活语文课程应着眼于学生的生活需要，按照学生的生活经验和生存需要，以生活为核心组织课程内容，注重语文知识与生活的联系"。而本篇课文通过图文结合的方式，以生动活泼的文字，形象地体现了存钱罐的功能，将语文知识与生活紧密联系，从而培养学生节约用钱的好习惯。

基于单元目标，"存钱罐"共分为3课时，各课时教学目标如下。

第1课时：认读汉字"钱"和词语"存钱罐"，能够听词语找到对应的"存钱罐"；初步学习观察事物的顺序，能够从上往下观察存钱罐，正确朗读课文句子，并能够读准感叹号；试着用课文中的句子来描述存钱罐的外形特征，初步培养学生节约用钱的好习惯。

第2课时：复习词语"存钱罐、零花钱"，认读汉字"在"；正确朗读课文句子，结合场景学说句子"我把零花钱＿＿＿＿＿＿／我把＿＿＿＿＿＿"，并用该句式拓展说出其他内容；通过了解存钱罐的用途，在生活中有意识地形成节约用钱的好习惯。

第3课时：借助配图理解课文内容，体会课文表达的思想情感；学会用课文中的表达方式来说一说自己的存钱罐的来历、外形特点和用途；学会正确描红和抄写汉字"在"。

（二）学情分析

三(1)班共有学生6名，其中2名为孤独症患儿，4名为智力障碍学生，所有学生 IQ＜50，属于中重度智力障碍。与低年级段其他班级相比，该班级整体认知水平较高，能完成基本的学校生活沟通，能够在简单支持下参与集体教学。

三年级学生在学习能力、学习习惯、学习基础、课堂常规等方面存在明显的个体间和个体内差异，且不同维度差异情况各不相同。针对这一学生情况，教师利用《特殊儿童语言与沟通能力评估》以及日常观察等工具与手段，聚焦生活语文学科学习能力、特质与基础进行评估,并将各维度生情总结如表 3 - 12 所示。

表 3‑12 三年级(1)班课前评估情况及各维度不同生情

学习能力						
分组		A		B		C
发音生理功能与发音	小忻小谢小王	3名学生发音基本准确;小王发音有口音	小宋小龚	有明显发音问题;小宋由于唇腭裂的关系,声母发音都有困难;小龚开口太晚,只有气音	小胡	几乎无口语,只会喊"妈妈",在课堂上不愿参与发音、认读练习
会话技能与非言语交际	该班学生基本能理解简单的课堂互动,听懂基本的教育教学指令,已基本养成良好的课堂学习习惯、规则意识较好,课堂上可以遵守基本指令;非常愿意与班级同学互动					
常见概念认知、理解与记忆	小宋小龚	感知、概念化、记忆等认知能力较好;字、词、句学习与理解能力强	小忻小谢小王	能认知常见事物;看懂简单图片	小胡	认识常见的物品,但是理解能力不足
语言及动作模仿、听觉与视觉注意	小忻小谢小王	具有基本的声音与动作模仿能力;偶有课堂走神情况	小宋小龚	动作模仿力好丁声音模仿力;课堂注意力较好	小胡	基本只关注自己感兴趣的声音和事物;课堂有意注意少
学习特质						
分组		A		B		C
喜爱语文学习、积极参与课堂互动	小宋小龚小忻小谢	课堂参与度较高,愿意与教师互动;喜爱得到教师的赞赏,有较正确的奖惩体验	小王	课堂注意力不集中,需要教师点名参与课堂活动	小胡	在教师特别关注下,短暂性参与课堂

(续表)

分组	学习基础					
		A		B		C
识字量	小宋 小龚 小王	识字量 50～100	小谢	识字量 30～50	小忻 小胡	识字量＜10
朗读	小忻 小谢 小王	字、词、句认读；课文朗读较好，发音清晰	小宋 小龚	能认读字、词、句，但个别发音需纠正	小胡	基本无口语
阅读理解	小宋 小龚 小忻	能观察阅读简单背景图片，课文理解能力较好	小谢 小王	简单讲解后，理解课文与配图	小胡	难以理解课文内容
生活经验	小宋 小龚	自己家里有存钱罐，有把钱放进存钱罐的经验。家长会有意识地给学生一点零花钱存起来	小忻 小谢 小王	家里没有存钱罐，不知道什么是零花钱，但是学生知道压岁钱	小胡	家里没有存钱罐，不知道什么是存钱罐

(三) 教学亮点

1. 初步学习观察事物的顺序，促进字、词、句的理解

本节课学习的核心内容是"存钱罐"，对于特殊学生而言，"存钱罐"是日常生活中的非必需品，因此对于存钱罐的外观特点学生并不是很熟悉，需要教师引导其学会观察，可通过从上往下的观察模式以及手部的触觉去感受存钱罐的外观。另在句式的练习中，教师设计活动：分短语进行排序并合成一句完整的句子。通过活动，学生不仅可以了解句子的结构，也可以理清句子中短语的先后顺序，从而更好地学习并理解课文句子。

2. 基于评估"多维度分层"，落实个别化教学

通过全面评估与观察可以发现，该班学生在认知、学习兴趣、课堂纪律等方面普遍表现较好，但是由于半数学生都存在言语障碍，说话口齿不清的问题较为突出。因此，根据学生不同的学习能力与学习特质，聚焦教学目标与重难点，通过以下途径落实个别化教学。

个别化教学支持：在本课的学习中，正确朗读课文句子是其中一个教学重

点。在从短语到句子的朗读过程中,教师运用了层层递进的方式,首先,让学生通过观察学习并朗读短语"圆圆的脑袋"和"胖乎乎的肚子",随后,通过集体读、个别读和分组读的方式反复朗读,帮助学生在读准感叹号的同时,体会小作者对存钱罐的喜爱之情。

班级中有个别学生虽然认知能力较好,但是其语言能力较弱。针对这几位学生,教师主要让他们通过指认或做手势动作来表达。当然,这并不是完全替代语言表达,在课堂上还是会鼓励学生积极开口说话,尝试自己独立朗读短语乃至句子。

促进练习的固定活动:针对学生注意力短暂、易分心的问题,教师在课堂上坚持开展一些简单有趣的常态化学习活动,比如"课前准备儿歌""我说你指小游戏""开小火车的个别练习"等。实践下来发现,简单且相对形式丰富的活动,能够不断吸引这个年段能力水平的学生参与活动,并且通过反复训练,每位学生都能够逐渐融入学习活动。

在"存钱罐"这一课中,"圆圆的""胖乎乎的"都属于叠词。因此,教师通过课前准备儿歌《小小的船》让学生反复诵读,既是对之前学习的叠词的回顾与练习,同时也促进学生调整情绪与状态,准备进入课堂学习。

"笑脸"评价奖励实现学习成效可视化:在课堂中,教师会将"笑脸"奖励与评价相结合,根据本节课的教学主题,在学生完成相应的学习任务时,及时给予奖励,使学生的学习成效可视化。而学生也可以根据得到的笑脸数量,在课后兑换学校的密云成长币,结合一直以来的单元综合活动,在心愿单中换取自己喜欢的小礼物。

另外,课堂评估中,对每位学生的关注点也会有不同侧重。除了正确回答问题、声音响亮、发音清晰和积极互动等高评价标准以外,教师还特别针对课堂上不主动发言与互动、易分心并影响他人的学生,给予其回答问题和注意听讲等行为上的及时奖励作为侧面鼓励。

3. 互动式板书,连接课堂与课间

课堂上,除了借助黑板上的传统板书开展有效教学,教室内还引入了另一种"互动式板书",有效助力课堂教学。教师在教研组协同备课时,会通过解构课标、解读教材,基于相同主题三门学科的重点,思考如何投放材料、设计版面以及各学科的布局。与传统板书位置相对固定、内容着重体现教学重点的特征不同,"互动式板书"的亮点在于"互动",学生可以借助"互动式板书"进行相关的配对、排序、指认等教学活动。

不仅如此,在创设教室环境时,教师在休闲区还放置了许多"圆圆的"物品,学生可以在课间活动时前往进行游戏与练习,从而将课堂教学内容有效拓展至学生的课余生活,进而引导学生灵活运用课堂所学,达到更好的教学效果。表3-13为"存钱罐"第1课时小结。

表3-13 "存钱罐"第1课时

教学总目标	1. 认读汉字"钱"和词语"存钱罐",能够听词语找到对应的"存钱罐" 2. 初步学习观察事物的顺序,能够从上往下观察存钱罐 3. 能够正确朗读课文句子,能够读准感叹号 4. 试着用课文中的句子来描述存钱罐的外形特征,初步培养节约用钱的好习惯
分层目标	A生 小宋:能够主动认读汉字"钱"和词语"存钱罐",发音需要练习矫正。能够做到听词语找到对应的物体部位。初步学会观察事物的顺序,学会从上到下进行观察。能够配合手势动作来朗读课文句子,尝试读准感叹号的语气;在句子练习中独立用课文中学习的句式来描绘自己的存钱罐,培养节约用钱的好习惯。 A生 小龚:能够主动指认汉字"钱"和词语"存钱罐",发音需要练习矫正。能够做到听词语找到对应的物体部位。初步学会观察事物的顺序,学会从上到下进行观察。能够配合手势动作来朗读课文句子。能够尝试开口说出关于描述存钱罐的短语,并知道平时要节约用钱。 B生 小谢:能够认读汉字"钱"和词语"存钱罐",发音清晰响亮。能够做到听词语找到对应的物体部位。在老师的引导下,尝试从上到下观察物体。能够正确朗读课文句子,尝试读准感叹号的语气;在老师的提示下用课文的句子来描绘存钱罐,并知道要节约用钱。 B生 小王:能够认读汉字"钱"和词语"存钱罐",发音清晰响亮。能够做到听词语找到对应的物体部位。在老师的耐心引导下,尝试从上到下观察物体。能够正确朗读课文句子,声音响亮;在老师的提示下用课文的句子来描绘存钱罐,并知道要节约用钱。 B生 小忻:能够在老师的提示下,认读汉字"钱"和词语"存钱罐",发音矫正。能够做到听词语找到对应的物体部位;能够独立从上往下观察存钱罐;在老师的帮助下,正确朗读课文句子,尝试读准感叹号的语气;在老师的提示下用课文的句子来描绘存钱罐,并知道要节约用钱。 C生 小胡:能够听词语指认物体"存钱罐";在老师和同学的帮助下认真参与课堂活动。
教学重点	1. 能够正确朗读课文句子,能够读准感叹号 2. 能够用课堂上学习的句子来描绘自己的存钱罐
教学难点	能够用课堂上学习的句子来描绘自己的存钱罐

(续表)

教学准备	1. 多媒体课件:《存钱罐》PPT 2. "互动式板书":一个小熊存钱罐,句子"它<u>圆圆的脑袋</u>,<u>胖乎乎的肚子</u>,可爱极了!"填空 3. 6个存钱罐实物		

第1课时			
教学环节	教师活动预设	学生活动预设	设计意图
	1. 课前两分钟预备铃: 集体念儿歌:《小小的船》 2. 课前常规师生问好,开始上课	A生领读,其他学生跟读	
谈话导入	1. 教师:前几天同学们一起度过了十岁生日,书本中的小主人小明也过了十岁生日,我们一起来看看他收到了什么生日礼物? (展示媒体视频) 2. 揭示课题:第7课《存钱罐》 (学生齐读课题)	A、B生:参与回答问题。 A、B生齐读课题	通过以课文视频展示的形式开门见山,引起学生的学习兴趣
新授	1. 学习词语:存钱罐(展示各种存钱罐的实物,认读词语"存钱罐") 2. 学习短语:圆圆的脑袋、胖乎乎的肚子 (1) 仔细观察存钱罐,说一说,它有什么特征? (2) 认读:圆圆的脑袋;找到存钱罐上圆圆的部位。 (3) 观察教室,说一说:还有什么物品是圆圆的? (4) 观察课文句子,除了圆圆的脑袋以外,存钱罐还有什么特征? (胖乎乎的肚子) 3. 朗读课文句子 (1) 师:小熊存钱罐有圆圆的脑袋,胖乎乎的肚子,它可爱吗? 它非常可爱! 可爱极了! (2) 出示句子:它圆圆的脑袋,胖乎乎的肚子,可爱极了! 齐读,个别读,注意感叹号朗读时的语气	A、B生:认读词语"存钱罐"。 C生:听词语找到对应的图片。 A生:能够正确朗读词语和句子。 B生:能够正确朗读词语并跟读课文句子。 C生:跟着老师的句子一起做动作。	课堂教学评估主要关注点: 1. 主动回答问题 2. 注意力集中 3. 正确观察图片 4. 正确认读 通过跟读、认读、齐读课文句子的方式,提升学生语文阅读能力,配上手势表达,进一步理解课文内容。 给生字组词,扩宽学生的思维发散能力

教学环节	教师活动预设	学生活动预设	设计意图
	（3）打开书本，找一找：课文中描述存钱罐的句子在哪里？读一读。 （4）小练习：学生合作读句子。 4. 学习生字：钱 （1）出示小青蛙存钱罐和大熊猫存钱罐，仔细观察，它们的肚子里有什么？ （2）出示生字：钱。 （3）组词：钱包、钱币、存钱罐。	A、B 生能够认读生字"钱"，给生字组词 C 生跟着一起指认生字卡片"钱"	
巩固拓展	1. 出示存钱罐图片，看图完成句子练习。 "它_____脑袋_____，肚子_____，可爱极了！" 2. 介绍自己的存钱罐。 （1）教师出示 2 个不同的存钱罐。 （2）学生找到自己的存钱罐，学着用课文的句子来描绘存钱罐的外形特征。 3. 教师总结。	A 生：能够找到自己的存钱罐或者自己喜欢的存钱罐，用课文中句子来描绘存钱罐。 B 生：在老师的引导下用"圆圆的、胖乎乎的"来描绘自己的存钱罐。 C 生：认真听讲。	通过句子的练习，提升学生的语言表达能力
作业	A 生：在家长的帮助下完成书本 53 页【我会听】的练习；尝试用课文中的句子练习描绘自己的存钱罐。 B 生：在家长的帮助下完成 53 页的【我会听】练习；在家长的帮助下试用课文中的词语来描绘自己的存钱罐。 C 生：在家长帮助下，能够根据词语指认存钱罐的"脑袋"和"肚子"。		
板书设计	存钱罐 圆圆的脑袋　胖乎乎的肚子		

上海市虹口区密云学校　赵懿佳

案例 3　三年级下册生活数学
——认识人民币（一）

（一）教材分析

"认识人民币（一）"是培智学校义务教育实验教科书《生活数学》三年级下

册第三单元"家庭生活"的内容。该单元共包含"做些家务活(10 减几)"和"认识人民币(一)"两个新授内容。单元紧紧围绕学生家庭生活情境中的数学问题开展教学,结合生活语文和生活适应相关内容,本单元主要渗透分担家务劳动和节约用钱这两个德育思想。从数学本体知识来划分,该内容隶属于"常见的量"板块,主要学习 1 元、5 元和 10 元人民币,及它们之间的换算。后续在六年级,学生还会继续学习 20 元、50 元和 100 元的相关知识。从学习方法来说,1元与 5 元、10 元间的换算与 10 元与 20 元、50 元、100 元之间的换算总体方式是一致的,主要区别在于从一个一个数,变成十个十个数。本单元前一课的内容"10 减几"也是"认识人民币"的重要基础,10 可以分成 5 和 5,这对于学生理解 10 元可以换算成 2 张 5 元是十分关键的。同时,本节课渗透了等量代换的概念:5 个 1 是 1 个 5,10 个 1 是 1 个 10。这是本课学习的一个难点,对于后续学生在四年级上学习 20 以内的数也十分重要。

就本课教材设计而言,教材先从学生日常生活中的乘车买票、超市购物等情境出发,让学生了解人民币的用途。接着学生开始学习 1 元、5 元和 10 元面额的人民币,并通过点数掌握 5 元、10 元与 1 元之间的换算。在建立 5 元、10元与 1 元换算的基础上,再运用 10 以内加减法知识,进一步学习 10 以内人民币的换算。

"认识人民币(一)"共安排 3 课时。第 1 课时主要通过观察、触摸等方式认识不同材质、不同面额的人民币,能进行区分,同时能进行 5 元和 1 元间的换算,初步体会等量代换的思想。第 2 课时在第 1 课时的基础上,进一步学习 10元与 1 元之间的换算,同时运用 10 的组成学习 10 元与 5 元之间的换算。第 3课时主要运用 10 以内加减法,学习其余组合人民币的简单换算。

本节课为第 2 课时,主要在第 1 课时 5 元与 1 元换算的基础上进一步学习10 元与 1 元的换算,同时,通过呈现 10 的组合,让学生了解 10 元与 5 元间的换算。最后,对于有能力的学生,尝试通过等量代换思想,进一步学习 10 元可以换算成 1 张 5 元和 5 张 1 元,最终达到能进行 1 元、5 元、10 元间的简单换算。

(二) 学情分析

本节课的教学对象为三(1)班的学生,全班共有学生 6 人,其中女生 4 人,男生 2 人。班级中有 4 人为智力障碍患儿,2 人为孤独症患儿。运用"五大领域"认知评估量表对这 6 位学生进行评估,得到的结果如表 3-14 所示。

表3-14 三(1)班学生认知评估

学生	注意	记忆	模仿	恒常性	概念学习	推理	问题解决	总得分率
宋	93.8	80.0	78.6	37.5	48.3	7.1	10.0	50.0
龚	93.8	65.0	64.3	31.3	61.7	21.4	25.0	54.4
忻	43.8	60.0	64.3	12.5	43.3	28.6	25.0	40.6
谢	75.0	70.0	64.3	12.5	41.7	28.6	5.0	41.9
王	43.8	40.0	42.9	12.5	33.3	14.3	10.0	29.4
胡	43.8	15.0	7.1	6.3	0.0	0.0	0.0	7.5

注:深色为优势领域(得分率75%以上),浅色为弱势领域(得分率25%以下),白色为一般领域。

通过评估可以发现,龚基础认识能力较好,宋、谢在注意、记忆、模仿等基础学习能力方面表现较为优秀。除了胡外,其余学生在概念学习上都是一般领域。根据认知评估,结合课堂表现,得到的分组情况如表3-15所示。

表3-15 三(1)班学生分组及障碍描述表

分组	学生	障碍类型	障碍描述
A组	宋	智障	认知能力好,有较强的动手操作能力,有比较丰富的生活经验,课堂上能听懂教师提问及指令,并且能积极参与。口齿不清
	龚	智障	认知能力较好,有较强的动手操作能力,有比较丰富的生活经验,课堂上能听懂教师提问及指令,并且能积极参与,口齿不清,能通过指认、动作等表达
B组	忻	智障	认知能力一般,有一定的动手操作能力,生活经验不足,能主动发言,并回应教师的提问及指令,口齿清晰,但偶尔会注意力分散
	谢	智障	认知能力一般,有一定的动手操作能力,模仿能力较强,但是逻辑思维能力较弱,上课积极主动
	王	孤独症	认知能力一般,无法独立动手操作,上课注意力不集中,无法主动参与课堂活动,但是能听懂教师的简单指令和提问,在教师提示下能参与课堂活动

(续表)

分组	学生	障碍类型	障碍描述
C组	胡	孤独症	认知能力较差,无法独立动手操作,上课注意力不集中,无法主动参与课堂活动,但是能听懂教师的简单指令,愿意配合教师开展教学活动

此外,分析学生的学习基础,具体结果如表3-16所示。

表3-16　三(1)班学生学习基础评估

分组	学生	学 习 基 础
A组	宋	认识10元以内人民币,能进行换算,掌握1元硬币和纸币面额相同
	龚	认识10元以内人民币,能点数进行换算,掌握1元硬币和纸币面额相同
B组	忻	认识10元以内人民币,在提示下能进行点数换算,点数时会混淆1元和5元,需要一定提示
	谢	认识10元以内人民币,在提示下能进行点数换算,点数时会混淆1元和5元,需要一定提示
	王	认识10元以内人民币,点数换算需要教师协助
C组	胡	不认识人民币面额,能跟随指点人民币上的面额,点数需要教师带领

表3-17为"认识人民币(一)"第2课时情况小结。

表3-17　"认识人民币(一)"第2课时

教学总目标	1. 认识10元人民币 2. 通过操作,购物等活动能进行10元与1元、5元之间的换算 3. 通过购物付款,感受数学与生活的紧密联系
分层目标	A:1. 认识10元人民币,能通过颜色、面额等部分元素区分不同面额人民币 　　2. 掌握10元与1元、5元间的换算,能独立换算 　　3. 能独立参与购物活动,正确拿取人民币付款,感受数学与生活的紧密联系 B:1. 认识10元人民币,能区分1元、5元、10元 　　2. 掌握10元与1元、5元间的换算,能点数换算10元与1元,通过提示换算10元与5元 　　3. 能在提示下参与购物活动,正确拿取人民币付款,感受数学与生活的紧密联系

(续表)

	C₁1. 认识 10 元人民币，能在教师帮助下拿取人民币 2. 了解 10 元与 1 元、5 元间的换算，能在教师协助下感知点数 3. 能在教师协助下参与购物活动，知道使用人民币付款，感受数学与生活的紧密联系
教学重点	1. 认识 10 元人民币 2. 掌握 10 元与 1 元、5 元之间的换算
教学难点	10 元与 1 元、5 元间的换算，知道 10 个 1 元是 1 个 10 元
教学准备	人民币学具、多媒体课件、购物场景模拟

第 2 课时

教学环节	教师活动预设	学生活动预设	设计意图
一、情境引入，增加趣味	1. 情境引入 出示情境"小飞侠百货店"开业了 2. 观察"密儿"的存钱罐，复习 1 元、5 元 教师出示"密儿"的存钱罐，学生认读面额 教师：这是密儿的存钱罐，他帮妈妈做家务，妈妈奖励了他一些零花钱，我们一起帮他看看吧？ 3. 引出课题 (1) 出示 10 元人民币，学生尝试认读 (2) 教师小结：今天我们就来继续认识人民币(出示课题) (3) 学生朗读课题	学生认读 1 元、5 元 A 生尝试认读 学生朗读课题	创设情境，引发学生兴趣协同语文"零花钱"复习 1 元、5 元
二、观察比较，认识 10 元	观察认识 10 元 1. 教师讲授 和学生共同分析 10 元颜色、面额等显著标识 2. 学生拿取 10 元 下发学具盒 A 生 10 张 1 元纸币，5 个 1 元硬币，2 张 5 元，1 张 10 元 B 生 10 张 1 元纸币，2 张 5 元，1 张 10 元 C 生 1 张 1 元纸币，1 张 5 元，1 张 10 元 3. 猜一猜 操作多媒体课件，猜一猜人民币面额，并拿出对应人民币	多媒体呈现 10 元，学生观察回答 学生拿取 10 元 A、B 生猜，并拿取人民币 C 生认读面额，拿取人民币实物	运用材料分层开展分层教学
三、问题导向，学习换算	(一) 呈现情境 密儿带着零花钱去给妈妈买礼物，他看中了 1 副手套，要 10 元，可是他只带了 1 元和 5 元，他能买吗？	学生观察情境思考	渗透"零花钱"

(续表)

教学环节	教师活动预设	学生活动预设	设计意图
	(二)点数学习10元与1元换算 1. 教师示范点数 小结:10个1元可以换1个10元,1个10元可以换10个1元 2. 学生尝试点数 分层任务: A生10张1元纸币,5个1元硬币,2张5元 B生10张1元纸币,2张5元 C生10张1元纸币 (三)学习10元与5元换算 1. 分与合提示,引导学生换算 出示10的分与合 2. 教师讲解 2个5元可以换1个10元	A生独立 B生阴影提示 C生教师带领上点数 学生观察,并说一说	渗透10个1是1个10 运用10的分与合解决10元与5元换算
四、综合购物,巩固新知	购物游戏 出示商品,学生朗读价格 学生进行购物 A生10张1元纸币,5个1元硬币,2张5元 B生10张1元纸币,2张5元 C生10张1元纸币,1张10元	A、B生独立购物,C生做收银员	
五、总结	教师总结		

板书设计

认识人民币

10元

1元1元数
10个1元
可以换
1个10元

2个5元
可以换
1个10元

(上海市虹口区密云学校　谢昱超)

单元案例总结 主题单元"我不乱花钱"互动式板书说明

(一) 分学科核心教学目标

围绕家庭生活主题,生活语文、生活数学、生活适应三门学科均教授人民币这一知识点。由此基于课标注重综合运用的核心理念,依托学校市级科研项目,通过跨学科教研的形式,三门学科分别在相同的主题下进行授课:生活语文课题为"存钱罐";生活数学课题为"认识人民币(一)";生活适应课题为"我不乱花钱"(见表3-18)。

表3-18 生活语文、生活数学、生活适应三门学科教学目标

学科	课题	核心教学目标
生活语文	存钱罐	第1课时:认读汉字"钱"和词语"存钱罐",试着用课文中的句子来描述存钱罐的外形特征
		第2课时:正确朗读课文句子,结合场景学说句子"我把零花钱/我把"
		第3课时:学会用课文中的表达方式来说一说自己的存钱罐的来历、外形特点和用途;学会正确描红和抄写汉字"在"
生活数学	认识人民币(一)	第1课时:认识1元、5元,能进行换算
		第2课时:认识10元,能进行与1元、5元换算
		第3课时:能简单计算10元内人民币,根据标价付钱
生活适应	我不乱花钱	第1课时:认识人民币的材质、形状,能正确区分纸币和硬币
		第2课时:学会合理使用人民币,不乱花钱
		第3课时:知道1～2种保管人民币的方法,初步养成不乱花钱的好习惯

(二) 互动式板书设计与布置

基于生活语文、生活数学、生活适应三门学科的教学目标,以各学科的教学内容为核心,布置互动式板书的内容。

第 1 课时

生活语文:在板书的正中间,放置了一个与课文图片中一模一样的实物存钱罐,供学生触摸观察,右侧贴有一句关于描述存钱罐的提示句。

生活数学:在右侧,展示了人民币 5 元、1 元。

生活适应:在下方,摆放了一份完整的第五套人民币纸币和硬币图集,并在左下侧挂袋内收纳了 1 元、5 元、10 元、20 元、50 元和 100 元的教学模拟币各 1 张(见图 3-24)。

图 3-24 互动式板书设计一

第 2 课时

生活语文:位置依旧在正中间。在第 1 课时的基础上,将句子替换成场景图片,并增加句式的练习。

生活数学:在右侧,在原有人民币 1 元、5 元的基础上,增加了人民币 10 元。

生活适应:在下方,继续摆放一份完整的第五套人民币纸币和硬币图集,并在左下侧挂袋内增加不同面额教学模拟币数量:1 元、5 元、10 元面额各 10 张、20 元、50 元面额各 5 张,100 元面额 3 张(见图 3-25)。

第 3 课时

生活语文:依旧位于板书正中间,贴上课文全文,学生可进行朗读练习。

生活数学:在右侧,摆放了数字计算"5+2=7",另在存钱罐下方展示了累计人民币数字。

图 3-25 互动式板书设计二

生活适应：在下方，放置了一个用于摆放人民币的小钱包（见图 3-26）。

图 3-26 互动式板书设计三

（三）互动式板书活动与实施

为引领三门学科教学，特创设主题式"小小心愿单"综合学习活动。在前期筹备阶段，通过对学生进行问卷调研，获取每组学生心愿单中的物品清单。在教学过程中，学生可通过每节课的学习与互动获得相应的教学模拟币。学生从布袋及小钱包中拿取教学模拟币后，放入自己小组的存钱罐中进行存放与积累。

经过一个单元的教学,学生可在学习活动结束后清点存钱罐中的模拟币数量,随后前往"小飞侠百货店"购买各自心愿单中对应的玩具。

1. 生活语文

(1)课堂活动。

第1课时:创设情境,展示小熊存钱罐实物,用文中的短语描述存钱罐的外形特征。

第2课时:出示场景图片,引导学生用句式"我把零花钱_____"来说句子。

第3课时:联系生活实际,展示学生自己的存钱罐,引导学生用课文中的句式来描述自己的存钱罐。

(2)课后延伸。

第1课时:在互动式板书中放置一个与课本图片相一致的小熊存钱罐实物,便于学生仔细观察存钱罐的特征。在课后的互动练习中,学生能通过短语"圆圆的_____;胖乎乎的_____"的提示来说一说小熊存钱罐的特征。

第2课时:结合两张场景图片,在课后可让两名同学之间进行互相的问答游戏。例如:"你把零花钱放哪里?""我把零花钱放进存钱罐。"

第3课时:将整篇课文贴上互动式板书,在课后进行朗读比赛,同学之间互相监督,看谁读得又快又准确。

2. 生活数学

(1)课堂活动。

第1课时:带领学生区分1元与5元面额的人民币,并根据人民币面额或材质进行分类。通过百货店情境创设,指导学生模拟使用人民币进行1元与5元标价商品的购物。

第2课时:带领学生区分1元、5元、10元面额人民币,并根据人民币面额进行分类。通过百货店情境创设,指导学生模拟使用人民币进行1元、5元、10元标价商品的购物。

第3课时:通过百货店情境创设,指导学生模拟使用人民币进行10元以内标价商品的购物。

(2)课后延伸。

第1课时:以互助小组的形式开展课后活动,两个小组协同游戏,进行百货店购物情境模拟。一组学生担任店员角色,另一组学生担任顾客角色。顾客组准备好一定数量的 1 元、5 元面额人民币,根据商品价格进行模拟购物。店员组需审核顾客组所准备的人民币是否与商品价格一致,从而判断顾客是否能顺利购买物品。

第 2 课时:以互助小组的形式开展课后活动,两个小组协同游戏,进行百货店购物情境模拟。一组学生担任店员角色,另一组学生担任顾客角色。顾客组准备好一定数量的 1 元、5 元、10 元面额人民币,根据商品价格进行模拟购物。学生可以直接拿取与标价对应面额的人民币,也可以通过点数或人民币组合的形式进行支付。店员组需审核顾客组所准备的人民币是否与商品价格一致,从而判断顾客是否能顺利购买物品。

第 3 课时:以互助小组的形式开展课后活动,两个小组协同游戏,进行百货店购物情境模拟。一组学生担任店员角色,另一组学生担任顾客角色。顾客组准备好一定数量的 1 元、5 元、10 元面额人民币,根据商品价格进行模拟购物。学生需要通过点数或计算,拿取对应的人民币组合进行支付。店员组需审核顾客组所准备的人民币是否与商品价格一致,从而判断顾客是否能顺利购买物品。

3. 生活适应

(1) 课堂活动。

第 1 课时:借助多感官观察方法,带领学生指认纸币和硬币,并能正确区分。

第 2 课时:通过百货店情境创设,指导学生模拟使用人民币购物的过程。

第 3 课时:借助实物零钱包和存钱罐,引导学生学会保管好自己的人民币。

(2) 课后延伸。

第 1 课时:根据学生的实际能力,形成“好朋友一帮一”固定互助小组。课后,由能力较好学生拿取板书上的硬币和纸币,并向结对同学介绍纸币和硬币及不同面额人民币的特征,同时帮助其正确指认和区分。活动结束后共同合作整理人民币。

第 2 课时:依然以互助小组的形式开展课后活动,两个小组协同游戏,进行百货店购物情境模拟。一组学生担任店员角色,另一组学生担任顾客角色。顾客组准备好一定金额的人民币,纸币和硬币自由组合,根据商品价格进行模拟购物。店员组需审核顾客组所准备的人民币是否与商品价格一致,从而判断顾客是否能顺利购买物品。

第3课时:继续以互助小组的形式开展课后活动,结算模拟购物后的剩余人民币。通过小组协商,选择零钱包或存钱罐来保管人民币。借助小组合作,大家共同将剩余人民币保存进零钱包或存钱罐,并时刻关注小组人民币的数额与变化。

"小小心愿单"活动效果显著:

从学生角度来看,该活动极大地激发了他们的学习动力和积极性。为了获得心愿单中的物品,学生们在课堂上更加专注投入,积极参与学习和互动环节。通过努力积累教学模拟币的过程,培养了学生的目标意识。在购买心愿单物品时,学生们学会了合理规划和选择,提升了理财意识和决策能力。

从教学角度而言,该活动有效地促进了三门学科的教学融合。教师可以根据学生在活动中的表现,及时了解他们的学习情况和需求,从而调整教学策略和方法。丰富多彩的互动环节也为教学注入了新的活力,使课堂更加生动有趣,提高了教学质量和效果。

此外,"小小心愿单"活动还营造了积极向上的学习氛围。学生们在竞争与合作中共同进步,增强了自信心和成就感。这种良好的氛围不仅有助于学生的学习成长,也为学校的教育教学工作带来了积极的影响。

四、成果展示:论文发表、获奖及其他

(1) 2020 年,情报综述《培智学校教室环境研究情报综述》为后续研究开展奠定了理论基础、搭建了行动框架。该成果荣获上海市中小学幼情报综述评比二等奖。

(2) 2020 年,论文《创设"可视化"班规,让智障学生由"读懂"到"遵守"——创设教育环境》为一篇"3+X"创新教室运用至班级管理的实践案例,作为阶段性成果,为后续班级管理的实践与探究提供了范例。该论文获得"黄浦杯"长三角城市群教育征文三等奖。

(3) 2021 年,项目组沈雪寒老师以单元教学设计《个人着装》荣获第四届虹口区教育系统青年教师爱岗敬业教学技能竞赛二等奖。

(4) 2021 年,研究成果《新课标背景下创新培智学校"综合学习活动"的实

践研究》，聚焦低年级段生活适应、生活语文、生活数学三门学科，探究"综合学习活动"实施路径，荣获上海市青年教师教育教学研究成果三等奖。

（5）2022年，论文《培智学校生活适应课程单元作业设计——二年级第一学期〈个人着装〉》收录于虹口区小学各学科作业设计样例集。

（6）2022年，报告《"小教室有大智慧"——"个性、支持、自主、融合"》系统梳理、整理了项目阶段性成果包括学校教学理念的结构、学生现状评估、"3＋X"创新教室的重构原则与创设路径等。该成果荣获2022年上海市特教专委会科研成果三等奖。

（7）2022年，项目组沈雪寒老师以《我会刷牙》荣获虹口区教学技能比武二等奖。

（8）2022年，项目组徐凝婷、谢昱超老师入选区人才梯队"骨干教师"，沈雪寒老师、赵懿佳老师入选区人才梯队"教学能手"。

（9）2022年，项目组两篇教育教学案例获评上海市特殊教育学校义务教育新教材使用教育教学案例展评三等奖。

（10）2022年，项目组两篇论文《通过重构教室环境减少自闭症学生问题行为的案例研究》《运用"一日活动提示卡"促进中重度智障儿童适应学校生活的案例》入选《上海特教（2022版）》。

（11）2024年，课题子项目"创设'互动式板书'提升培智学校课堂教学有效性"荣获区教育科研成果二等奖。

（12）2024年，赵懿佳老师获评2023年上海市特殊教育教师教学基本功比赛二等奖。

（13）《虹口教育》刊物以专栏形式介绍与发表了项目相关研究成果以及系列优秀论文。

（14）2024年，项目组课例"我有一双手""学系鞋带：打兔耳朵结"入选2023年教育部"基础教育精品课"。

第 四 章

研究反思：另一个"室"角

一、成果创新与价值

"双新"背景下，无论是义务教育课程标准还是培智学校"新课标"，都突出"核心素养""综合学习""学科融合"等育人及教学新导向。本书的研究路径与视角，以构建"新课标"背景下培智学校学生核心素养为起点及目标，以"教室环境"为转换点，探究国家课标的校本化实施新途径。

(一) 关注综合能力，推进"新课标"校本化实施

与传统"课纲"相比，"新课标"愈来愈重视学科知识的实践与运用，强调促进学生最终适应生活、适应社会。可见，"综合学习"成为落实"新课标"过程中的重要关注点，而"适应生活"则是实施"新课标"的核心目标。

1. 核心素养下的"三维度三梯度"培智学校学生阶段性发展目标

在"新课标"背景下，培智学校学生核心素养的校本化表达旨在精准梳理"新课标"，明确学校学生的发展目标，有效定位学生发展现状，以及课标校本化的目标与指标。

2. 综合视角下的"3＋X"创新教室的构建方式与实施途径

"3＋X"创新教室，将单一学科的课堂教学进行关联融合，实现"学科融合""单元融合""课上课后融合"和"课堂与休闲融合"。

(二) 充实资源开发，指向个别化的教育策略

在传统培智学校课堂上，个别化教学的有效性无疑在一定程度上受到了时

间与空间的限制。当课堂时长、学生数量无法改变时,"3+X"教室创设的多样化的信息呈现与学习参与途径,为每位学生提供了课堂内外充分契合的学习与实践,实现了教与学的转型。尤其对于能力较弱的学生,直观化、操作性的区域环境打造,可以显著促进其参与学习、有效学习。

(二) 遵从育人导向,挖掘教室环境的教育功能

学生步入校园,一日生活皆为课程。课堂外的同伴互动、课间游戏、午间休息等,点点滴滴无不对其生活自理、人际交往、情绪管理、习惯养成等方面产生直接影响。

"3+X"创新教室以"教室环境"为切入点,联结"环境"与"课堂","环境"与"实际学校生活",将"生活区""学习区""休闲区"对标"三维度"之"能自理、乐学习、爱生活",实现"新课标"核心要求之"个别化、综合性、生活性"。

二、衍生研究

1. 进一步凸显生本化,尤其是面向高年级段学生职业技能衔接

在"校本—班本"的路径基础上,应增加以年级段为单位的环境创设。除了学校层面的环境创设、基于班级情况的教室环境创设以外,不同年级段学生发展需求和课标要求不同,因此,我们在进行教室环境创设时,很有必要呈现这部分的研究成果。例如,符合低年级段学生身心特点的教室环境色彩应偏鲜艳并融入更多卡通童趣的元素;而随着学生年龄的增长,尤其是到了高年级段,区域活动设计可考虑与职业技能培养衔接。

2. 进一步凸显个别化,尤其增加面对能力较弱学生的支架

如何进一步促进障碍程度严重学生教学内容的有效性,聚焦"生活化"和"实践性",注重学生的个性化发展目标。聚焦课堂教学实践,充分利用学习区,增加"互动式板书"的课例研究,进一步利用教室环境创设"情景式教学""个别化活动"和"操作实践"。同时,开发休闲区的"课后游戏",探究将课堂上的个别化活动延伸为课堂后的游戏。

参考文献

［1］武法提.基于 WEB 的学习环境设计［J］.电化教育研究,2000(4):33－38,52.

［2］何克抗,林君芬,张文兰.教学系统设计［M］.北京:高等教育出版社,2002.

［3］吴海云.区域活动空间设置的有效性初探［J］.教育导刊(下半月),2005(5):21－22.

［4］陆飞玉.精心布置智障学生教室环境提升教育教学效果［J］.南京特教学院学报,2006(3):38－39.

［5］王春雨,钱燕倩.盲生教室的环境布置［J］.现代特殊教育,2000(9):42－43.

［6］王晓晗.智障儿童教育学校环境艺术研究:以武汉市培智中心校园环境改造为例［D］.武汉:华中科技大学,2018.

［7］吴建武.培智班级环境创设中的学生参与性问题与策略［J］.南京特教学院学报,2006(1):24－26.

［8］张华香.培智学校生活语文课程校本化实施的困境与突破:以广州市为例［J］.现代特殊教育,2022(16):33－37.

［9］张文京,严小琴.特殊儿童个别化教育:理论、计划、实施［M］.3 版.重庆:重庆大学出版社,2023.

［10］江小英.培智学校学生核心素养认可度的调查研究［J］.现代特殊教育,2022(16):24－31.

［11］Evertson C M, Emmer E T, Worsham M E. Classroom Management for Elementary Teachers ［M］. 8th ed. New Jersey: Pearson Education, Inc, 2009.

［12］Epanchin B C, Townsend B, Stoddard K. Constructive Classroom Management: Strategies for Positive Learning Environments ［M］.

Pacific Grove: Brooks/Cole Publishing Company, 1994.

[13] Berry R. Teachers' Assessment Practices for Classroom Diversity [R]. 32nd International Association for Educational Assessment (IAEA) Annual Conference, 2006.

[14] Hardin, C J. Effective Classroom Management: Models and Strategies for Today's Classrooms [M]. New Jersey: Pearson Merrill Prentice Hall, 2014.